Formas breves

Ricardo Piglia

Formas breves

EDITORIAL ANAGRAMA

BARCELONA

Diseño de la colección:
Julio Vivas
Ilustración: «Fans», Lisa Milroy, 1986

© Ricardo Piglia, 2000

© EDITORIAL ANAGRAMA, S. A., 2000
   Pedró de la Creu, 58
   08034 Barcelona

ISBN: 84-339-2463-X
Depósito Legal: B. 42129-2000

Printed in Spain

Liberduplex, S. L., Constitució, 19, 08014 Barcelona

Hotel Almagro

Cuando me vine a vivir a Buenos Aires alquilé una pieza en el Hotel Almagro, en Rivadavia y Castro Barros. Estaba terminando de escribir los relatos de mi primer libro y Jorge Álvarez me ofreció un contrato para publicarlo y me dio trabajo en la editorial. Le preparé una antología de la prosa norteamericana que iba de Poe a Purdy y con lo que me pagó y con lo que yo ganaba en la Universidad me alcanzó para instalarme y vivir en Buenos Aires. En ese tiempo trabajaba en la cátedra de Introducción a la Historia en la Facultad de Humanidades y viajaba todas las semanas a La Plata. Había alquilado una pieza en una pensión cerca de la terminal de ómnibus y me quedaba tres días por semana en La Plata dictando clases. Tenía la vida dividida, vivía dos vidas en dos ciudades como si fueran dos personas diferentes, con otros amigos y otras circulaciones en cada lugar.

Lo que era igual, sin embargo, era la vida en la pieza de hotel. Los pasillos vacíos, los cuartos transitorios, el clima anónimo de esos lugares donde se está siempre de paso. Vivir en un hotel es el mejor modo de no caer en la ilusión de «tener» una vida personal, de no tener quiero decir nada personal para contar, salvo los rastros que dejan los otros. La pensión en La Plata era una casona interminable convertida en una especie de hotel berreta manejado por un estudiante crónico que vivía de subalquilar los cuartos. La dueña de la casa estaba internada y el tipo le giraba todos los meses un poco de plata a una casilla de correo en el hospicio de Las Mercedes.

La pieza que yo alquilaba era cómoda, con un balcón que se abría sobre la calle y un techo altísimo. También la pieza del Hotel Almagro tenía un techo altísimo y un ventanal que daba sobre los fondos de la Federación de Box. Las dos piezas tenían un ropero muy parecido, con dos puertas y estantes forrados con papel de diario. Una tarde, en La Plata, encontré en un rincón del ropero las cartas de una mujer. Siempre se encuentran rastros de los que han estado antes cuando se vive en una pieza de hotel. Las cartas estaban disimuladas en un hueco como si alguien hubiera escondido un paquete con drogas. Estaban escritas con letra nerviosa y no se entendía casi nada; como siempre sucede cuando se lee la carta de un desconocido, las alusiones y los so-

10

breentendidos son tantos que se descifran las palabras pero no el sentido o la emoción de lo que está pasando. La mujer se llamaba Angelita y no estaba dispuesta a que la llevaran a vivir a Trenque-Lauquen. Se había escapado de la casa y parecía desesperada y me dio la sensación de que se estaba despidiendo. En la última página, con otra letra, alguien había escrito un número de teléfono. Cuando llamé me atendieron en la guardia del hospital de City Bell. Nadie conocía a ninguna Angelita.

Por supuesto me olvidé del asunto pero un tiempo después, en Buenos Aires, tendido en la cama de la pieza del hotel se me ocurrió levantarme a inspeccionar el ropero. Sobre un costado, en un hueco, había dos cartas: eran la respuesta de un hombre a las cartas de la mujer de La Plata.

Explicaciones no tengo. La única explicación posible es pensar que yo estaba metido en un mundo escindido y que había otros dos que también estaban metidos en un mundo escindido y pasaban de un lado a otro igual que yo y, por esas extrañas combinaciones que produce el azar, las cartas habían coincidido conmigo. No es raro encontrarse con un desconocido dos veces en dos ciudades, parece más raro encontrar, en dos lugares distintos, dos cartas de dos personas que están conectadas y a las que uno no conoce.

La casa de pensión en La Plata todavía está, y todavía sigue ahí el estudiante crónico, que

11

ahora es un viejo tranquilo que sigue subalquilando las piezas a estudiantes y a viajantes de comercio, que pasan por La Plata siguiendo la ruta del sur de la provincia de Buenos Aires. También el Hotel Almagro sigue igual y cuando voy por la Avenida Rivadavia, hacia la Facultad de Filosofía y Letras de la calle Puán, paso siempre por la puerta y me acuerdo de aquel tiempo. Enfrente está la confitería Las Violetas. Por supuesto hay que tener un bar tranquilo y bien iluminado cerca si uno vive en una pieza de hotel.

Notas sobre Macedonio
en un Diario

5.VI.62

Carlos Heras habla de Macedonio Fernández, inesperadamente, en un seminario sobre la anarquía del año veinte. Lo conoció en Misiones cuando Macedonio era fiscal en el Juzgado Letrado de Posadas. «Habría que hacer una investigación», dice Heras, «sobre los argumentos y las acusaciones de Macedonio como fiscal. Ninguno de los reos acusados por él resultó condenado.» Recordaba el caso de un hombre que había asesinado a sus dos hijas con una navaja, primero a una y dos horas después a la otra, que por supuesto estaba casi desmayada de terror, y las había enterrado en los fondos de una iglesia porque era tierra bendita. «Macedonio logró construir una acusación que hace casi innecesaria la condena.» Heras dijo que el argumento de Macedonio consistió en sostener que el hombre había matado a sus dos hijas, una de doce y otra de catorce,

15

porque no quería verlas condenadas a repetir la vida de su madre, que había terminado loca, ni la de la hermana mayor, Elisa Barrios, una conocida cancionista popular. El hombre había planeado matarse pero no tuvo valor o no lo consiguió, a pesar, dijo Macedonio, de que trató de ahorcarse con un alambre de púas. El hecho de que hubiera usado un alambre de púas se había convertido en un elemento central en la presentación de Macedonio. El profesor Heras no recordaba bien los contenidos del razonamiento pero veía con nitidez, dijo, la sala del tribunal y la figura enjuta y clara de Macedonio argumentando frente a un mundo escéptico que había ido para oírlo. El profesor estaba casi seguro de que el asesino de las hijas había sido absuelto o había recibido una pena simbólica. De un modo muy elegante Heras conectó el trabajo de Macedonio como fiscal en Misiones con los problemas de doble legalidad que se habían presentado en Buenos Aires el día de los tres gobernadores.

12.VI.62

«A Macedonio», me dice el profesor Heras mientras salimos de la facultad y caminamos por la calle 7 hacia la estación de trenes, «le gustaba evitar los contactos indeseados. Quería permanecer aparte. Creo que no le gustaba dar la mano.»

Por otro lado parece que reflexionaba sobre su cuerpo más de lo que era habitual entre los intelectuales de su tiempo. «Sin embargo», dijo el profesor, «las mujeres se le entregaban con una facilidad asombrosa, sin ofrecer la menor resistencia. En fin, antes de sin embargo habría que decir», dijo el profesor Heras, «a causa de.» A Macedonio no le gustaba hacer planes sobre el futuro ni que le llamaran la atención sobre las bellezas naturales. Ya es bastante difícil, decía, captar los verdaderos momentos críticos. Mientras el tren entra en la estación y la gente se amontona para subir, el profesor me recomienda que busque en la biblioteca de la facultad el ejemplar de *Una novela que comienza* porque tiene notas manuscritas del mismo Macedonio Fernández.

14.VI.62

La edición de *Una novela que comienza* fue donada por alguien, quizá por Virasoro. Tiene una dedicatoria («A Benjamín Virasoro, porteño y metafísico, con total amistad», Macedonio Fernández) y en la última página estas notas escritas por Macedonio con su letra microscópica:

«Son hombres pequeños (físicamente: frágiles) (tachado y escrito arriba: esmirriados), como por ejemplo Raskólnikov, que pesaba 58 kilos, o Kant (1,60) o ese jockey japonés que vi una tarde en unas cuadreras en Lobos, con un impulso particular nacido mitad del vulcanismo y mitad de la apatía. En el campo de las relaciones sociales son perfectamente carentes de interés. Por lo común son asaz tranquilos, elegantes y tranquilos, por cierto que no pueden llevar a término todo de una sola vez. Es necesario, dicen, saber ser lento, se debe saber callar. Valéry por ejemplo se mantuvo en silencio durante veinte años, Rilke no escribió ni un poema durante catorce años, después aparecieron las elegías de Duino.»

Abajo y al costado:

«Nada. El artista está solo, abandonado al silencio y al ridículo. Tiene la responsabilidad de sí mismo. Empiezan sus cosas y las lleva a término. Sigue una voz interna que nadie oye. Trabajan solos, los líricos; siempre trabaja solo, el lírico, porque en cada decenio viven siempre pocos grandes líricos (no más de tres o cuatro) dispersos en distintas naciones, poetizando en idiomas varios, por lo común desconocidos unos para los otros: esos *phares*, faros como los llaman los franceses, esas figuras que iluminan la llanura, los campos, por largo tiempo pero permanecen ellos en las tinieblas. (Es un decir de Gottfried Benn.)»

«Envejecen. Knut Hamsun vivió hasta los

18

noventa y tres años pero terminó su vida en un hospicio. Interesante también Ricardo Husch, que vivió hasta los noventa y uno y se suicidó (Lagerlöf 82, Voltaire 84). Los viejos son peligrosos: completamente indiferentes al futuro. Atardeceres de la vida, ¡esos atardeceres de la vida! La mayor parte en la pobreza, con tos, encorvados, toxicómanos, borrachos, algunos incluso criminales, casi todos no casados, casi todos sin hijos, casi todos en el hospicio, casi todos ciegos, casi todos imitadores y farsantes.»

En la otra página:

«Cuando el contrabandista Oskar Van-Velde saltó desde el puente Barracas (¿o fue desde el edificio Alea?) dejó un misterioso mensaje: A siete mil trescientos metros sobre el nivel del mar, tal es el confín de la muerte, un kilómetro más y habremos llegado. El viajero mira hacia abajo. Una buena noticia, digo yo (escribe Macedonio), ni arriba, ni abajo, el centro arruina todo, aguja magnética y rosa de los vientos fuera de cuestión, pero el conformismo crece y se refuerza. Para evitar el contagio en esta sociedad que agoniza corroída por la avidez de dinero y de honores, hay que aislarse de las corrientes del medio e ignorarlas: no entender por qué las creencias dominantes son lo que son.»

(Estas notas fueron escritas por Macedonio, según parece *antes* de regalar el libro.)

6.VI.65

Anoche, en Los 36 billares, discusión sobre el estilo de Macedonio. Se trata de un estilo oral, aunque parezca su antítesis. La forma de la oratoria privada, que supone un círculo de interlocutores bien conocidos, con los que se manejan todos lo sobreentendidos. La presencia real del oyente define el tono y las elipsis. Prueba de que la oralidad es antes que nada musical y tiende a la ilegibilidad. Analizar los discursos de Macedonio en las cenas de la revista *Martín Fierro*: el escenario de su estilo. Sobre ese espacio se cruzan los neologismos, las alusiones, la jerga filosófica, el placer barroco de las incidentales. Además digo, anoche, que el escritor más próximo a Macedonio Fernández es el padre Castañeda: la forma del panfleto y la diatriba, el gusto por el escándalo, la violencia satírica de la polémica, todo eso es convertido por Macedonio en estilo íntimo, en música de cámara.

En Macedonio la oralidad nunca es lexical, se juega en la sintaxis y en el ritmo de la frase. Macedonio es el escritor que mejor escribe el habla, desde José Hernández.

2.XI.67

El pensamiento negativo en Macedonio Fernández. La nada: todas las variantes de la negación (paradojas, *nonsense;* antinovela, antirrealismo). Sobre todo la negatividad lingüística: el placer hermético. El idiolecto, la lengua cifrada y personal. Creación de un nuevo lenguaje como utopía máxima: escribir en una lengua que no existe. El fraseo macedoniano; los verbos en infinitivo; el hipérbaton. La sintaxis arcaizante del habla popular. «Una gramática onírica», dice Renzi. «En eso se parece a Gadda. La oratoria criolla como pastiche. La payada filosófica. Un guitarrero. Era», dice Renzi, «un guitarrero. Por eso se sacaba todo el tiempo fotos con una guitarra, no porque la supiera tocar, sino para decir, de un modo discreto que sólo le interesaba ser un guitarrero argentino. ¿O no?», dice Renzi. «Sí. ¿Y qué mejor? Payador y guitarrero, a mucha honra.»

12.II.68

Una de las aspiraciones de Macedonio era convertirse en inédito. Borrar sus huellas, ser leído como se lee a un desconocido, sin previo aviso. Varias veces insinuó que estaba escribiendo un libro del que nadie iba a conocer nunca una

21

página. En su testamento decidió que el libro se publicara en secreto, hacia 1980. Nadie debía saber que ese libro era suyo. En principio había pensado que se publicara como un libro anónimo. Después pensó que debía publicarse con el nombre de un escritor conocido. Atribuir su libro a otro: el plagio al revés. Ser leído como si uno fuera ese escritor. Por fin decidió usar un seudónimo que nadie pudiera identificar. El libro debía publicarse en secreto. Le gustaba la idea de trabajar en un libro pensado para pasar inadvertido. Un libro perdido en el mar de los libros futuros. La obra maestra voluntariamente desconocida. Cifrada y escondida en el porvenir, como una adivinanza lanzada a la historia.

La verdadera legibilidad siempre es póstuma.

14.VIII.68

Releo el *Diario escrito en la Estancia*. Macedonio lo escribió entre enero y marzo de 1938, en La Suficiente, de Pilar. Anotaciones cotidianas absolutamente excepcionales, mezcladas con su lectura de Schopenhauer. «Yo soy el que mejor ha sentido el asombroso desamparo de su lenguaje en sus relaciones con el pensar. En verdad, me pierdo en mi pensar como quien sueña, como quien entra súbitamente a su pensamiento. Yo soy el que conoce las delicias de la pérdida.» En este *Diario* se entiende por qué el escritor no puede llevar sino el diario de la obra que no escribe.

2.V.71

La poética de la novela. Polémica implícita de Macedonio con Manuel Gálvez. Ahí están las dos tradiciones de la novela argentina. Gálvez es su antítesis perfecta: el escritor esforzado, «social», con éxito, mediocre, que se apoya en el sentido común literario.

Hasta que Witold Gombrowicz no llega a la Argentina se puede decir que Macedonio no tiene a nadie con quien hablar sobre el arte de hacer novelas. *Transatlántico*, novela argentina, ya es una novela macedoniana (para no hablar de *Ferdydurke*). A partir de Gombrowicz se puede leer a Macedonio. Mejor, Gombrowicz deja leer a Macedonio.

4.V.71

En 1938 se propone «publicar la novela en folletín en *Crítica* principalmente, o *La Nación*». Movimiento típico de la vanguardia: aislamiento, ruptura con el mercado y a la vez fantasías de entrar en los medios masivos. Estudiar esa estrategia (siempre fracasada) es entender la tensión interna de la forma en su novela (los prólogos didácticos). La vanguardia es un género. Macedonio lo sabía bien. Un escritor arribista, decía, es el que todavía no ha arribado. ¿No es de todos modos extraordinario que se le haya ocurrido pensar el *Museo de la novela de la Eterna* como un folletín?

Macedonio empieza a escribir el *Museo* en 1904 y trabaja en el libro hasta su muerte. Durante casi cincuenta años se entierra metódicamente en una obra desmesurada. El ejemplo de Musil, *El hombre sin cualidades*. Un libro cuya concepción misma excluye la posibilidad de darle fin. La novela infinita que incluye todas las variantes y todos los desvíos; la novela que dura lo que dura la vida de quien la escribe.

9.VII.71

En el *Diario argentino* de Gombrowicz descubro una nota sobre Macedonio que después ya no puedo volver a encontrar (como si nunca hubiera estado). «Hay un tartamudeo propio del lenguaje argentino que me llena de una extraña exaltación. Es un ritmo más o menos así: da, da, do, da, da, que es interno a las palabras mismas y no se da sólo entre palabra y palabra. Una letra con otra chocan como guijarros en una lata. Macedonio Fernández es el único que ha sabido transmitir ese toctoc, toctoc, toctoc, del galope criollo en el estilo. Ese señor Fernández, le digo a mi amigo Mastronardi, ese señor Fernández sabía, ejem, escribir, ejem, tenía, ¿cómo decirle?, una idea del ritmo, ¿o no? Sí, claro, por supuesto, me contesta Mastronardi, cómo no, en efecto, no cabe duda, así es. ¿Quiere otro tecito?»

6.VII.73

El amor como cliché narrativo. En el *Museo*, la historia de la Eterna, de la mujer perdida, desencadena el delirio filosófico. Se construyen complejas construcciones y mundos alternativos. Lo mismo pasa en «El Aleph» de Borges, que parece una versión microscópica del *Museo*. El objeto mágico donde se concentra todo el universo sustituye a la mujer que se ha perdido. Curiosamente varias de las mejores novelas argentinas cuentan lo mismo. En *Adán Buenosayres*, en *Rayuela*, en *Los siete locos*, en el *Museo de la novela de la Eterna*, la pérdida de la mujer (se llame Solveig, La Maga, Elsa, o la Eterna, o se llame Beatriz Viterbo) es la condición de la experiencia metafísica. El héroe comienza a ver la realidad tal cual es y percibe sus secretos. Todo el universo se concentra en ese «museo» fantástico y filosófico.

Se trata en realidad de la tradición del tango. El hombre que perdió a la mujer mira el mundo con mirada metafísica y extrema lucidez. La pérdida de la mujer es la condición para que el héroe del tango adquiera esa visión que lo distancia del mundo y le permite filosofar sobre la memoria, el tiempo, el pasado, la pureza olvidada, el sentido de la vida. El hombre herido en el corazón puede, por fin, mirar la realidad tal cual es y percibir sus secretos. Basta pensar en los héroes de Discépolo. El hombre engañado, escéptico, moralista sin fe, ve por fin la verdad. En este sentido «Cambalache» de Discépolo es «El Aleph» de los pobres.

5.V.74

La lectura macedoniana: salteada, parcial, episódica, suspendida. Sus textos provocan microscópicamente el suspenso: son folletines por entregas, en miniatura. Quiero decir, usan la técnica del folletín de suspender la acción pero la usan atomizada y condensada al máximo y repetida varias veces en la misma página.

30.IX.78

Macedonio trabajó los fragmentos dispersos de la lengua jurídica, filosófica, entrerriana, española del siglo de oro, barrial, de comité, traducida del alemán, y las trató como si cada una fuera un idioma diferente. En eso se parece al Joyce del *Finnegans*.

13.XI.78

Larga conversación con Renzi sobre Macedonio Fernández. «Era él, por supuesto, quien le escribía los discursos a Hipólito Yrigoyen. Trasladó su hermetismo barroco al lenguaje presidencial», dice. Se conocieron por intermedio de Clara Anselmi. Yrigoyen lo contrata por primera vez cuando tiene su polémica con Leopoldo Melo y Pedro Molina en el año doce, se le arma una fracción en el partido que se opone a la abstención larga. Macedonio le escribe toda la polémica. A partir de ahí le da su estilo a la Causa. En esos años Macedonio no publica nada. Cuando se distancia de Yrigoyen en el veintidós empieza a publicar otra vez. Pero a partir de ahí el que permanence mudo es Yrigoyen. «Por ese lado», dice Renzi, «habría que estudiar los efectos de la política en la lengua de una época.» Se trata, por lo demás de una tradición nacional. A Juárez Celman, por ejemplo, cuando asume el poder el discurso se lo escribe Eduardo Wilde y el texto de renuncia a la presidencia se lo escribe Ramón Cárcano. «Por otro lado», dijo Renzi, «a partir de ese momento Macedonio empezó a delirar con el

Presidente y lo puso como personaje central en el Museo.»

9.X.80

«Pero hay otra cuestión», dice Renzi. «¿Cuál es el problema mayor del arte de Macedonio? Las relaciones del pensamiento con la literatura.» El pensar, diría Macedonio, es algo que se puede narrar como se narra un viaje o una historia de amor, pero no del mismo modo. Le parece posible que en una novela puedan expresarse pensamientos tan difíciles y de forma tan abstracta como en una obra filosófica, pero a condición de que parezcan falsos. «Esa ilusión de falsedad», dijo Renzi, «es la literatura misma.»

La mujer grabada

Durante unos meses, hace unos años, viví en el Hotel Almagro, en Rivadavia y Castro Barros. A la vuelta del hotel está la Federación de Box y los miércoles a la noche me iba a ver las peleas. En la puerta del estadio paraba una mujer que vendía flores y en el vestido llevaba prendida una foto de Macedonio Fernández. Se llamaba (o se llama) Rosa Malabia y durante varios meses yo la encontraba en la puerta de la Federación de Box y la invitaba a tomar el té en la confitería Las Violetas. Nunca supe dónde vivía, porque nunca me lo quiso decir; supongo que alquilaba ella también alguna piecita en un hotel de la zona o dormía en un zaguán. Tomaba el desayuno en la iglesia evangélica y comía lo que le regalaban los puesteros del Mercado que estaba enfrente de la pensión.

A Macedonio lo había conocido de chica, a

los quince, cuando todavía iba a la escuela. Decía que en aquel tiempo Macedonio ocupaba una casita por Morón o en Haedo y que ella lo visitaba porque vivía a la vuelta y que su padre era médico. Nunca supe de dónde había sacado la foto y nunca supe si lo que me contaba era verdad. Supongo que realmente lo había conocido y que lo había querido; a veces se quedaba un rato callada y después me decía que ella era «totalmente macedoniana» y con eso tal vez quería decirme que era inocente. A veces de pronto se perdía un poco y me miraba con los ojos vacíos y decía que estaba muerta y que tenía todo el cuerpo hueco por dentro, como si fuera una muñeca de porcelana. Entraba y salía del Hospicio, desaparecía dos o tres días y de golpe volvía a aparecer en la puerta de la Federación de Box vendiendo flores que robaba de las tumbas en el cementerio de la Chacarita. La llamaban la loca del grabador, porque llevaba un grabador de cinta, viejísimo, como única pertenencia. Parece que años antes había trabajado en un negocio donde se arreglaban televisores y grabadores en un local en los pasajes subterráneos de la 9 de Julio y que se lo dieron como indemnización cuando la echaron. Lo llevaba en una pequeña valija de cartón y lo escuchaba cuando estaba sola. De un día para otro, no la vi más. Me dijeron que la habían internado en el Moyano, pero cuando fui a visitarla no me reconoció o no me quiso recibir.

Varios meses después, una tarde, me llegó una encomienda con el grabador. Me lo habían hecho llegar desde Olavarría y nunca supe si fue ella o algún pariente el que se tomó el trabajo de acordarse de mí y mandarme el aparato. Era un viejo Geloso de doble cabezal y si ahora uno lo enciende primero se escucha una mujer que habla y parece cantar y después la misma mujer conversa sola y por fin una voz, que puede ser la voz de Macedonio Fernández, dice unas palabras.

Ese grabador y la voz de una mujer que cree estar muerta y vende violetas en la puerta de la Federación de Box de la calle Castro Barros, fueron para mí la imagen inicial de la máquina de Macedonio en mi novela *La ciudad ausente:* la voz perdida de una mujer con la que Macedonio conversa en la soledad de una pieza de hotel.

Un cadáver sobre la ciudad

Una tarde Juan C. Martini Real me mostró una serie de fotos del velorio de Roberto Arlt. La más impresionante era una toma del féretro colgado en el aire con sogas y suspendido sobre la ciudad. Habían armado el ataúd en su pieza, pero tuvieron que sacarlo por la ventana con aparejos y poleas porque Arlt era demasiado grande para pasar por el pasillo.

Ese féretro suspendido sobre Buenos Aires es una buena imagen del lugar de Arlt en la literatura argentina. Murió a los cuarenta y dos años y siempre será joven y siempre estaremos sacando su cadáver por la ventana. El mayor riesgo que corre hoy su obra es el de la canonización. Hasta ahora su estilo lo ha salvado de ir a parar al museo: es difícil neutralizar esa escritura, se opone frontalmente a la norma de hipercorrección que define el estilo medio de nuestra literatura.

Hay un extraño desvío en el lenguaje de Arlt, una relación de distancia y de extrañeza con la lengua materna, que es siempre la marca de un gran escritor. En este sentido nadie es menos argentino que Arlt (nadie más contrario a la «tradición argentina»): el que escribe es un extranjero, un recién llegado que se orienta con dificultad en el vértigo de una ciudad desconocida. Paradójicamente, la realidad se ha ido acercando cada vez más a la visión «excéntrica» de Roberto Arlt. Su obra puede leerse como una profecía: más que reflejar la realidad, sus libros han terminado por cifrar su forma futura.

Los relatos de Arlt (y en especial los extraordinarios cuentos africanos, que son uno de los puntos más altos de nuestra literatura) confirman que Arlt buscó siempre la narración en las formas duras del melodrama y en los usos populares de la cultura (los libros de divulgación científica, los manuales de sexología, las interpretaciones esotéricas de la Biblia, los relatos de viajes a países exóticos, las viejas tradiciones narrativas orientales, los casos de la crónica policial). La fascinación del relato pasa por el cine de Hollywood y el periodismo sensacionalista. La cultura de masas se apropia de los acontecimientos y los somete a la lógica del estereotipo y del escándalo. Arlt convierte ese espectáculo en la materia de sus textos. Sus relatos captan el núcleo paranoico del mundo moderno: el impacto de las ficciones

38

públicas, la manipulación de la creencia, la invención de los hechos, la fragmentación del sentido, la lógica del complot.

Arlt es el más contemporáneo de nuestros escritores. Su cadáver sigue sobre la ciudad. La poleas y las cuerdas que lo sostienen forman parte de las máquinas y de las extrañas invenciones que mueven su ficción hacia el porvenir.

Retrato del artista

Cuando lo conocí, el compositor Gerardo Gandini tenía su estudio en un viejo departamento de la calle Cochambamba que había sido (y volvió a ser luego) de un amigo común. El piano entraba apenas en un cuarto que parecía haber sido construido alrededor y a veces, cuando yo iba a visitarlo, Gandini tocaba para mí la música que había terminado de componer. Eran fragmentos de una compleja obra en marcha, cuya realización me parecía cada vez más milagrosa. Como era verano las ventanas estaban abiertas y la música surgía en medio del rumor de la ciudad. Siempre que pienso en Gandini, lo recuerdo en ese cuarto en el que sólo había lugar para el piano, componiendo una obra extraordinaria en medio de las voces y los rumores de la calle.

Cuando terminaba de tocar, Gandini se daba vuelta, como quien se despierta, y, al comprobar que yo estaba ahí, se echaba a reír. Y por supuesto ése era todo su comentario.

Nadie encarna mejor que los músicos la doble relación del arte con el presente y con la tradición. A medida que pasaban los meses me fui dando cuenta de que Gandini enfrentaba, con ironía y sarcasmo, ese doble desafío. Por un lado, la deuda con un pasado de altísima perfección como es el de la herencia musical y, por otro lado, la tensa relación con la carga de cinismo, trivialidad y demagogia de la cultura actual.

Hacer música contemporánea es enfrentar las máximas dificultades con las mínimas defensas y en condiciones de extremo aislamiento. La naturaleza no referencial de la música hace ver con claridad lo que no siempre es visible en otras artes. La música debe más a la tradición musical que a cualquier otra experiencia y esa tradición a veces actúa como un legado que paraliza toda innovación.

Al mismo tiempo, los músicos contemporáneos comprueban y dicen lo que nadie sabe: que la cultura de masas no es una cultura de la imagen, sino del ruido.

Por la ventana abierta del estudio de Gandini llegaban los rumores del mundo. Una confusa profusión de sonidos inarticulados, cortinas musicales, alaridos políticos, voces televisivas, sirenas policiales, anuncios de conciertos internacionales de *rock and roll.*

44

En el extraordinario capítulo de las «Sirenas» en el *Ulises* (que está dedicado a la música), Joyce hizo ver que el capitalismo es una ciénaga de ruidos y que no hay Ulises que resista esos cantos. La risa de Gandini, cuando dejaba de tocar, me hacía pensar que la mítica sordera de Beethoven había sido la primera elección de un artista ante la creciente presencia de la cultura de masas como infierno sonoro.

«Lo único que en la música persiste y prolifera», escribió Gandini, «es el proceso mismo de composición.»

Adolfo de Obieta cuenta que a veces Macedonio Fernández soñaba una música y se levantaba en la noche para sacarla en el piano. En la casa dormida se lo escuchaba tocar esa melodía imposible.

Las piezas para piano de Gerardo Gandini me hacen pensar en esa imagen; un pianista insomne busca, en la noche, los restos de una música que se ha perdido. Son siempre pasos en la nieve: marcas silenciosas en una superficie blanca. Allí se encierra el sonido de los sueños.

El último cuento de Borges

El último cuento de Borges, el que imaginamos (sorprendidos por la perfección de ese fin) como el último cuento de Borges, surgió de un sueño. Borges, a los ochenta años, vio a un hombre sin cara que en un cuarto de hotel le ofrecía la memoria de Shakespeare. «Esa felicidad me fue dada en Michigan», cuenta Borges. «No era la memoria de Shakespeare en el sentido de la fama de Shakespeare, eso hubiera sido muy trivial; tampoco era la gloria de Shakesperare, sino la memoria personal de Shakespeare. Y de ahí salió el cuento.»

En el relato, un oscuro escritor, que ha dedicado su vida a la lectura y a la soledad, por medio de un artificio muy directo y sencillo (como los que Borges ha preferido siempre para construir un efecto fantástico) es habitado por los recuerdos personales de Shakespeare. Entonces vuelve a su memoria la tarde en la que escribió el segundo acto de *Hamlet* y ve el destello de una luz perdida en el ángulo de la ventana y lo desvela y lo alegra una melodía muy simple que no había oído nunca.

«A medida que transcurren los años, todo hombre está obligado a sobrellevar la creciente carga de su memoria. Dos me agobiaban, confundiéndose a veces: la mía y la del otro, incomunicable. Al principio las dos memorias no mezclaron sus aguas. Con el tiempo, el gran río de Shakespeare amenazó, y casi anegó, mi modesto caudal. Advertí con temor que estaba olvidando la lengua de mis padres. Ya que la identidad personal se basa en la memoria, temí por mi razón.»

La metáfora borgeana de la memoria ajena, con su insistencia en la claridad de los recuerdos artificiales, está en el centro de la narrativa contemporánea. En la obra de Burroughs, de Pynchon, de Gibson, de Philip Dick, asistimos a la destrucción del recuerdo personal. O mejor, a la sustitución de la memoria propia por una cadena de secuencias y de recuerdos extraños. Narrativamente podríamos hablar de la muerte de Proust, en el sentido de la muerte de la memoria como condición de la temporalidad personal y la identidad verdadera. Los narradores contemporáneos se pasean por el mundo de Proust como Fabrizio en Waterloo: un paisaje en ruinas, el campo después de una batalla. No hay memoria propia ni recuerdo verdadero, todo pasado es incierto y es impersonal. Basta pensar en el Joseph K. de Kafka que por supuesto es el que no puede recordar, el que parece no poder recordar cuál es su crimen. Un sujeto cuyo pasado y cuya identidad son investigados. La tragedia de K (lo kafkiano mismo diría yo) es que trata de recordar quién es. El Proceso es un proceso a la memoria.

Los grandes relatos de Borges giran sobre la incertidumbre del recuerdo personal, sobre la vida perdida y la experiencia artificial. La clave de este universo paranoico no es la amnesia y el olvido, sino la manipulación de la memoria y de la identidad. Tenemos la sensación de habernos extraviado en una red que remite a un centro cuya sola arquitectura es malvada. En ese punto se define la política en la ficción de Borges. Basta leer «La lotería en Babilonia» para percibir que la función del Estado como aparato de vigilancia, la función de lo que suele llamarse la inteligencia del Estado, es la de inventar y construir una memoria incierta y una experiencia impersonal. («Como todos los hombres de Babilonia, he sido procónsul; como todos, esclavo; también he conocido la omnipotencia, el oprobio, las cárceles.»)

La figura vanidosa y vengativa de Scharlach el Dandy en «La muerte y la brújula» (que parece el espejo donde se irá a reflejar el Joker de Jack

51

Nicholson en el *Batman* de Tim Burton) es un modelo barroco de este nuevo tipo de conciencia. El héroe vive en la pura representación, sin nada personal, sin identidad. Héroe es el que se pliega al estereotipo, el que se inventa una memoria artificial y una vida falsa. Esa disolución de la subjetividad es el tema de *Deutsches Requiem*, su extraordinario relato sobre el nazismo. La confesión del admirable (del aborrecible) Otto Dietrich zur Linde es en realidad una profecía, quiero decir una descripción anticipada del mundo en que vivimos. «Quienes sepan oírme, comprenderán la historia de Alemania y la futura historia del mundo. Yo sé que casos como el mío, excepcionales y asombrosos ahora, serán muy en breve triviales. Mañana moriré, pero soy un símbolo de las generaciones del porvenir.»

La cultura de masas (o mejor sería decir la política de masas) ha sido vista con toda claridad por Borges como una máquina de producir recuerdos falsos y experiencias impersonales. Todos sienten lo mismo y recuerdan lo mismo y lo que sienten y recuerdan no es lo que han vivido.

La práctica arcaica y solitaria de la literatura es la réplica (sería mejor decir el universo paralelo) que Borges erige para olvidar el horror de lo real. La literatura reproduce las formas y los dilemas de ese mundo estereotipado, pero en otro registro, en otra dimensión, como en un sueño.

En el mismo sentido la figura de la memoria ajena es la clave que le permite a Borges definir la tradición poética y la herencia cultural. Recordar con una memoria extraña es una variante del tema del doble pero es también una metáfora perfecta de la experiencia literaria.

La lectura es el arte de construir una memoria personal a partir de experiencias y recuerdos ajenos. Las escenas de los libros leídos vuelven como recuerdos privados. (Robinson Crusoe retrocede ante una huella en la arena; la menor de los Compson se desliza al alba por la ventana del piso alto; Remo Erdosain abre la puerta de la gerencia encristalada de vidrios japoneses, y comprende que ya está perdido.) Son acontecimientos entreverados en el fluir de la vida, experiencias inolvidables que vuelven a la memoria, como una música.

La tradición literaria tiene la estructura de un sueño en el que se reciben los recuerdos de un poeta muerto. Podemos imaginar a alguien que en el futuro (en una pieza de hotel, en Londres) comienza imprevistamente a ser visitado por los recuerdos de un oscuro escritor sudamericano al que apenas conoce.

Entonces ve la imagen de un patio de mosaicos y un aljibe en una casa de dos pisos en la esquina de Guatemala y Serrano; ve la figura frágil de Macedonio Fernández en la penumbra de un cuarto vacío; ve una tropilla de caballos de crin arremolinada que galopa solitaria en la llanura bajo la hondura del poniente; ve en un hotel abandonado un globo terráqueo entre dos espejos que lo multiplican sin fin; ve un tranvía que cruza las calles quietas de la ciudad de Buenos Aires y en él ve a un hombre que, con el libro arrimado a sus ojos de miope, lee por vez primera la *Comedia* de Dante; ve a una muchacha india de crenchas rubias y ojos azules, vestida con dos mantas coloradas, que cruza lentamente la plaza de un pueblo en la frontera norte de la provincia de Buenos Aires; ve la llave herrumbrada que abre la puerta de una vasta biblioteca en la calle México; ve una pesa de bronce y un hrön y un reloj de arena y ve el manuscrito perdido en un libro de Conrad y ve el bello rostro inaccesible de Matilde Urbach que sonríe en la luminosa claridad de un atardecer de verano.

Tal vez en el porvenir alguien, una mujer que aún no ha nacido, sueñe que recibe la memoria de Borges como Borges soñó que recibía la memoria de Shakespeare.

Los sujetos trágicos
(Literatura y psicoanálisis)

La relación entre psicoanálisis y literatura es por supuesto conflictiva y tensa. Por de pronto, los escritores han sentido siempre que el psicoanálisis hablaba de algo que ellos ya conocían y sobre lo cual era mejor mantenerse callado. Faulkner y Nabokov, por ejemplo, han observado que el psicoanalista quiere oír la voz secreta que los escritores, desde Homero, han convocado, con la rutina solitaria con la que se convoca a las musas; una música frágil y lejana que se entrevera en el lenguaje y que siempre parece tocada por la gracia. Al revés de Ulises, pero cerca de Kafka, los escritores intentan (muchas veces sin éxito) oír el canto sereno y seductor de las sirenas y poder después decir lo que han oído. En esa escucha incierta, imposible de provocar deliberadamente, en esa situación de espera tan sutil, los escritores han sentido que el psicoanálisis avanzaba como un loco furioso.

Hay otro aspecto sobre el cual los escritores han dicho algo que, me parece, puede ser útil para los psicoanalistas. Nabokov y también Manuel Puig, nuestro gran novelista argentino, insistieron en algo que a menudo los psicoanalistas no perciben o no explicitan: el psicoanálisis genera mucha resistencia pero también mucha atracción; el psicoanálisis es una de las formas más atractivas de la cultura contemporánea. En medio de la crisis generalizada de la experiencia, el psicoanálisis trae una épica de la subjetividad, una versión violenta y oscura del pasado personal. Es atractivo entonces el psicoanálisis porque todos aspiramos a una vida intensa; en medio de nuestras vidas secularizadas y triviales, nos seduce admitir que en un lugar secreto experimentamos o hemos experimentado grandes dramas, que hemos querido sacrificar a nuestros padres en el altar del deseo y que hemos seducido a nuestros hermanos y luchado con ellos a muerte en una guerra íntima y que envidiamos la juventud y la belleza de nuestros hijos y que también nosotros (aunque nadie lo sepa) somos hijos de reyes abandonados al borde del camino de la vida. Somos lo que somos, pero también somos otros, más crueles y más atentos a los signos del destino. El psicoanálisis nos convoca a todos como sujetos trágicos; nos dice que hay un lugar en el que somos sujetos extraordinarios, tenemos deseos extraordinarios, luchamos contra tensiones y dramas profundísimos, y esto es muy atractivo. De modo que el psicoanálisis, como bien dice Freud, genera resistencia y es un arte de la resistencia y de la negociación, pero también es un arte de la guerra y de la representación teatral, intensa y única.

Por eso Nabokov veía el psicoanálisis como un fenómeno de la cultura de masas; consideraba clave ese elemento de atracción, esa promesa que nos vincula con las grandes tragedias y las grandes traiciones, y veía ahí un procedimiento clásico del melodrama y de la cultura popular: el sujeto es convocado a un lugar extraordinario que lo saca de su experiencia cotidiana.

Y Manuel Puig decía algo que siempre me pareció muy productivo, y que sin duda fue decisivo en la construcción de su propia obra. Decía Puig que el inconsciente tiene la estructura de un folletín. Él, que escribía sus ficciones muy interesado por la estructura de las telenovelas y los grandes folletines de la cultura de masas, había podido captar esta dramaticidad implícita en la vida de cada uno, que el psicoanálisis pone como centro en la construcción de la subjetividad.

En todo esto hay entonces una suerte de relación ambigua: por un lado el psicoanálisis avanza sobre una zona oscura, que el artista preserva y prefiere olvidar; pero, por otro lado, el psicoanálisis se presenta como una especie de alternativa: hace lo mismo que el arte, genera una suerte de bovarismo, en el sentido de la experiencia de Madame Bovary, que leía aquellas novelitas rosas como si fueran el oráculo de su propia vida y el modelo de sus sentimientos. El psicoanálisis construye un relato secreto, una trama invisible y hermética, hecha de pasiones y creencias, que modela la experiencia.

Voy a agregar dos anotaciones más: una, sobre cómo la literatura ha usado el psicoanálisis, y otra sobre el modo en que el psicoanálisis ha usado a la literatura. Para la primera cuestión, podemos desde luego olvidar experiencias un poco superficiales como la del surrealismo o la de la *beat generation*, que confundían escribir sin pensar con oír la voz secreta de la sirena de Kafka (que es muda); confundían, o intentaban confundir, la espera de la gracia y la paciencia del poeta, con un procedimiento mecánico de escritura automática: la musa es una dama suficientemente frágil como para esperar un tratamiento más delicado que ese escribir dejándose llevar por una suerte de vitalismo atropellado; es un poco ingenuo por supuesto suponer que ésa es la manera de conectarse con el inconsciente en el trabajo.

Quien sí constituyó la relación con el psicoanálisis como clave de su obra es quizás el mayor escritor del siglo XX: James Joyce. Él fue quien mejor utilizó el psicoanálisis porque vio en el psicoanálisis un modo de narrar; supo percibir en el psicoanálisis la posibilidad de una construcción formal, leyó en Freud una técnica narrativa y un uso del lenguaje. Es seguro que Joyce conocía *Psicopatología de la vida cotidiana* y *La interpretación de los sueños:* su presencia es muy visible en la escritura del *Ulises* y del *Finnegans Wake.* No en los temas: no se trataba para Joyce de refinar la caracterización psicológica de los personajes, como se suele creer, trivialmente, que sería el modo en que el psicoanálisis ayudaría a los novelistas, ofreciéndoles mejores instrumentos para la caracterización psicológica. No: Joyce percibió que había ahí modos de narrar y que, en la construcción de una narración, el sistema de relaciones que definen la trama no debe obedecer a una lógica lineal, y que datos y escenas lejanas resuenan en la superficie del relato y se enlazan secretamente. El llamado monólogo interior es la voz más visible de un modo de narrar que recorre todo el libro: asociaciones inesperadas, juegos de palabras, condensaciones incomprensibles, evocaciones oníricas. Así Joyce utilizó el psicoanálisis como nadie y produjo en la literatura, en el modo de construir una historia, una revolución de la que es imposible volver.

Y me parece que el *Finnegans Wake,* que por supuesto es una de las experiencias literarias límites de este siglo, se construye en gran medida sobre la estructuración formal que se puede inferir de una lectura creativa de la obra de Freud: una lectura que no se preocupa por la temática sino por el modo en que se desarrollan ciertas formas, ciertas construcciones.

Cuando le preguntaban por su relación con Freud, Joyce contestaba así: «Joyce, en alemán, es Freud.» Joyce y Freud quieren decir «alegría»; en este sentido los dos quieren decir lo mismo, y la respuesta de Joyce era, me parece, una prueba de la conciencia que él tenía de su relación ambivalente pero de respeto e interés respecto de Freud. Me parece que lo que Joyce decía era: yo estoy haciendo lo mismo que Freud. En el sentido más libre, más autónomo, más productivo.

Joyce mantuvo otra relación con el psicoanálisis, o mejor dicho con un psicoanalista, y en esa relación personal, en una anécdota, se sintetiza un elemento clave de esta tensión entre psicoanálisis y literatura. Joyce estaba muy atento a la voz de las mujeres. Él escuchaba a las mujeres que tenía cerca: escuchaba a Nora, que era su mujer, una mujer extraordinaria; escuchándola, escribió muchas de las mejores páginas del *Ulises*, y los monólogos de Molly Bloom tienen mucho que ver con las cartas que le había escrito Nora en distintos momentos de su vida. Digamos que Joyce estaba muy atento a la voz femenina, a la voz secreta de las mujeres a las que amaba. Sabía oír. Él, que escribió *Ulises*, no temía oír ahí, junto a él, el canto siniestro y seductor de las sirenas.

Mientras estaba escribiendo el *Finnegans Wake* era su hija, Lucia Joyce, a quien él escuchaba con mucho interés. Lucia terminó psicótica, murió en 1962 internada en una clínica suiza. Joyce nunca quiso admitir que su hija estaba enferma y trataba de impulsarla a salir, a buscar en el arte un punto de fuga. Una de las cosas que hacía Lucia era escribir. Joyce la impulsaba a escribir, leía sus textos, y Lucia escribía, pero a la vez se colocaba cada vez en situaciones difíciles, hasta que por fin le recomendaron a Joyce que fuera a consultar a Jung.

Estaban viviendo en Suiza y Jung, que había escrito un texto sobre el *Ulises* y que por lo tanto sabía muy bien quién era Joyce, tenía ahí su clínica. Joyce fue entonces a verlo para plantearle el dilema de su hija y le dijo a Jung: «Acá le traigo los textos que ella escribe, y lo que ella escribe es lo mismo que escribo yo», porque él estaba escribiendo el *Finnegans Wake*, que es un texto totalmente psicótico. Si uno lo mira desde esa perspectiva, es totalmente fragmentado, onírico, cruzado por la imposibilidad de construir con el lenguaje otra cosa que no sea la dispersión. Entonces Joyce le dijo a Jung que su hija escribía lo mismo que él, y Jung le contestó: «Pero allí donde usted nada, ella se ahoga.» Es la mejor definición que conozco de la distinción entre un artista y... otra cosa, que no voy a llamar de otro modo que así.

El arte de la natación

En efecto, el psicoanálisis y la literatura tienen mucho que ver con la natación. El psicoanálisis es en cierto sentido un arte de la natación, un arte de mantener a flote en el mar del lenguaje a gente que está siempre tratando de hundirse. Y un artista es aquel que nunca sabe si va a poder nadar: ha podido nadar antes, pero no sabe si va a poder nadar la próxima vez que entre en el lenguaje.

En todo caso, la literatura le debe al psicoanálisis la obra de Joyce. Él fue capaz de leer el psicoanálisis, como fue capaz de leer otras cosas. Joyce fue un gran escritor porque supo entender que había maneras de hacer literatura fuera de la tradición literaria; que era posible encontrar maneras de narrar en los catecismos, por ejemplo; que la narración, las técnicas narrativas no están atadas sólo a las grandes tradiciones narrativas sino que se pueden encontrar modos de narrar en otras experiencias contemporáneas; el psicoanálisis fue una de ellas.

La otra cuestión es qué le debe el psicoanálisis a la literatura: le debe mucho. Podemos hablar de la relación que Freud estableció con la tragedia, pero no me refiero a los contenidos de ciertas tragedias de Sófocles, de Shakespeare, de las cuales surgieron metáforas temáticas sobre las que Freud construyó un universo de análisis. Me re-

64

fiero a la tragedia como forma que establece una tensión entre el héroe y la palabra de los muertos.

En literatura, se tiende a ver la tragedia como un género que estableció una tensión entre el héroe y la palabra de los dioses, del oráculo, de los muertos, una palabra que venía de otro lado, que le estaba dirigida y que el sujeto no entendía. El héroe escucha un discurso personalizado pero enigmático, es claro para los demás, pero él no lo comprende, si bien en su vida obedece a ese discurso que no comprende. Esto es Edipo, Hamlet, Macbeth, éste es el punto sobre el que gira la tragedia en la discusión literaria como género que empieza con Nietzsche y llega hasta Brecht. La tragedia, como forma, es esa tensión entre una palabra superior y un héroe que tiene con esa palabra una relación personal.

Esa estructuración tiene mucho que ver con el psicoanálisis, y no he visto que ello haya sido marcado más allá de la insistencia sobre lo temático: por supuesto, en *Edipo* hay un problema con unos padres y unas madres, en *Hamlet* hay un problema con una madre, en fin. Pero en *Hamlet* también hay un padre que habla después de muerto.

Otra forma sobre la cual pensar la relación entre el psicoanálisis y la literatura es el género policial. Es el gran género moderno; inventado por Poe en 1843, inundó el mundo contemporáneo. Hoy miramos el mundo sobre la base de ese género, hoy vemos la realidad bajo la forma del crimen, como decía Bertolt Brecht. La relación entre la ley y la verdad es constitutiva del género, que es un género muy popular, como lo era la tragedia. Como los grandes géneros literarios, el policial ha sido capaz de discutir lo mismo que discute la sociedad pero en otro registro. Eso es lo que hace la literatura: discute lo mismo de otra manera. ¿Qué es un delito, qué es un criminal, qué es la ley? Discute lo mismo que discute la sociedad pero de otra manera. Si uno no entiende que discute de otra manera, le pide a la literatura que haga cosas que mejor las haría el periodismo. La literatura discute los mismos problemas que discute la sociedad, pero de otra manera, y esa otra manera es la clave de todo. Una de estas maneras es el género policial, que viene discutiendo las relaciones entre ley y verdad, la no coincidencia entre la verdad y la ley, el enigma como centro secreto de la sociedad, como un aleph ciego.

Poe inventa un sujeto extraordinario, el detective, destinado a establecer la relación entre la ley y la verdad. El detective está ahí para interpretar algo que ha sucedido, de lo que han quedado ciertos signos, y puede realizar esa función porque está afuera de cualquier institución. El detective no pertenece al mundo del delito ni al mundo de la ley; no es un policía pero tampoco es un criminal (aunque tiene sus rasgos). Dupin, Sherlock Holmes, Marlowe, el detective privado está ahí para hacer ver que la ley en su lugar institucional, la policía, funciona mal. Y a la vez el detective es el último intelectual, hace ver que la verdad ya no está en manos de los sujetos puros del pensar (como el filósofo clásico o el científico) sino que debe ser construida en situación de peligro, y pasa a encarnar esa función. Va a decir la verdad, va a descubrir la verdad que es visible pero que nadie ha visto, y la va a denunciar.

Se plantea aquí una paradoja que el género (y Poe antes que nadie) resuelve de un modo ejemplar: cómo hablar de una sociedad que a su vez nos determina, desde qué lugar externo juzgarla si nosotros también estamos dentro de ella. El género policial da una respuesta que es extrema: el detective, aunque forme parte del universo que analiza, puede interpretarlo porque no tiene relación con ninguna institución..., ni siquiera con el matrimonio. Es célibe, es marginal, está aislado. El detective no puede incluirse en ninguna institución social, ni siquiera en la más microscópica, en la célula básica de la familia, porque ahí donde quede incluido no podrá decir lo que tiene que decir, no podrá ver, no tendrá la distancia suficiente para percibir las tensiones sociales. Hay un elemento extraño a toda institución en el sistema de interpretación que encarna el detective: está afuera y muchos de sus rasgos marcan esa distancia (la vida nocturna y un poco perversa de Dupin, la cocaína de Sherlock Holmes, el alcohol y la soledad de Marlowe), sus manías son formas de subrayar la diferencia.

En la tragedia un sujeto recibe un mensaje que le está dirigido, lo interpreta mal, y la tragedia es el recorrido de esa interpretación. En el policial, el que interpreta ha podido desligarse y habla de una historia que no es la de él, se ocupa de un crimen y de una verdad de la que está aparte pero en la que está extrañamente implicado. Me parece que el psicoanálisis tiene algún parentesco con estas formas.

La novela polaca*

* Intervención en el debate «Sobre la novela argentina», *Primer encuentro de Literatura y Crítica,* Universidad Nacional del Litoral, 1986.

En *Transatlántico* de Gombrowicz (para empezar con una de las mejores novelas escritas en este país) hay una escena memorable. Se trata de una especie de payada sarcástica entre un oscuro escritor polaco, llamado por supuesto «Gombrowicz», y un escritor argentino en el que se identifican fácilmente los rastros de Eduardo Mallea, el novelista argentino por excelencia en esos años. Este «Mallea» (que también puede ser Mujica Láinez pero sobre todo recuerda a Carlos Argentino Daneri) posa de refinado y erudito y se pasea por el infierno de las influencias: cada vez que «Gombrowicz» habla le hace ver que todo lo que dice ya ha sido dicho por otro. Despojado de su originalidad este europeo aristocrático y vanguardista se ve empujado casi sin darse cuenta al lugar de la barbarie. A partir de ahí la política de «Gombrowicz» en este duelo será la táctica de la ironía salvaje y del malón hermético: actúa como uno hubiera esperado que actuaran los ranqueles en el libro de Mansilla.

Me gusta esa escena: circulan ahí los tonos y las intrigas de la ficción argentina. Los lenguajes extranjeros, la guerra y la pasión de las citas. Son los problemas de la inferioridad cultural los que están puestos en juego y ficcionalizados. *Transatlántico* es en este sentido una versión ampliada y nacional de *Ferdydurke:* lo inferior, lo inmaduro y todavía no desarrollado es aquí la tradición polaca, heroica y romántica. ¿Qué pasa cuando uno pertenece a una cultura secundaria? ¿Qué pasa cuando uno escribe en una lengua marginal? Sobre estas cuestiones reflexiona Gombrowicz en su *Diario* y la cultura argentina le sirve de laboratorio para experimentar sus hipótesis.

En este punto Borges y Gombrowicz se acercan. Basta pensar en uno de los textos fundamentales de la poética borgeana: *El escritor argentino y la tradición.* ¿Qué quiere decir la tradición argentina? Borges parte de esa pregunta y el ensayo es un manifiesto que acompaña la construcción ficcional de *El Aleph,* su relato sobre la escritura nacional. ¿Cómo llegar a ser universal en este suburbio del mundo? ¿Cómo zafarse del nacionalismo sin dejar de ser argentino (o «polaco»)? ¿Hay que ser «polaco» (o «argentino») o resignarse a ser un «europeo exiliado» (como Gombrowicz en Buenos Aires)? En el Corán, ya se sabe, no hay camellos, pero el universo, cifrado en un aleph (quizás apócrifo, quizás un falso aleph), puede estar en el sótano de una casa de la calle Garay, en el barrio de Constitución, invadido por los italianos y la modernidad kitsch.

La tesis central del ensayo de Borges es que las literaturas secundarias y marginales, desplazadas de las grandes corrientes europeas, tienen la posibilidad de un manejo propio, «irreverente», de las grandes tradiciones. Borges pone como ejemplo de esta colocación, junto con la literatura argentina, a la cultura judía y a la literatura irlandesa. Sin duda, podríamos agregar en esa lista a la literatura polaca y en especial a Gombrowicz.

Pueblos de frontera, que se manejan entre dos historias, en dos tiempos y a menudo en dos lenguas. Una cultura nacional dispersa y fracturada, en tensión con una tradición dominante de alta cultura extranjera. Para Borges (como para Gombrowicz) este lugar incierto permite un uso específico de la herencia cultural: los mecanismos de falsificación, la tentación del robo, la traducción como plagio, la mezcla, la combinación de registros, el entrevero de filiaciones. Ésa sería la tradición argentina.

Y cuando digo tradición, quiero decir la gran tradición: la historia de los estilos.

Es posible imaginar la escena de *Transatlántico* hablada en francés (y eso no la haría menos «argentina»). O tiene que imaginarse el español de Gombrowicz. ¿Y qué hubiera pasado si Gombrowicz hubiera escrito *Transatlántico* en español? Quiero decir ¿qué hubiera pasado si Gombrowicz se hubiera hecho el Conrad? (un polaco que, como todos sabemos, cambió de lengua y ayudó a definir el inglés literario moderno). Podemos sospechar los efectos del español de Gombrowicz en la literatura argentina. Uno piensa inmediatamente en Roberto Arlt. Alguien que quiso denigrarlo dijo que Arlt hablaba el lunfardo con acento extranjero. Ésa es una excelente definición del *efecto* que produce su estilo. Y sirve también para imaginar lo que pudo haber sido el español de Gombrowicz: esa mezcla rara de formas populares y acento eslavo.

Vivir en otra lengua, se ha dicho, es la experiencia de la novela moderna: Conrad, claro, o Jerzy Kosinski, pero también Nabokov, Beckett o Isak Dinesen. El polaco era una lengua que Gombrowicz usaba casi exclusivamente en la escritura, como si fuera un idiolecto, una lengua privada. Por eso *Transatlántico,* primera novela que escribe en el exilio, quince años después de *Ferdydurke,* establece un pacto extremo con la lengua polaca. La novela es casi intraducible, como sucede siempre que un artista está lejos de su lengua y mantiene con ella una relación excesiva donde se mezclan el odio y la nostalgia. ¿O no es el *Finnegans Wake* el gran texto de la lengua exiliada? Digo esto porque me parece que la extra-

74

ñeza es la marca de los dos grandes estilos que se han producido en la novela argentina del siglo XX: el de Roberto Arlt y el de Macedonio Fernández. Parecen lenguas exiliadas: suenan como el español de Gombrowicz.

Cuando uno piensa en el cruce de dos lenguas recuerda por supuesto de inmediato a Borges, el español de Borges, preciso y claro, casi perfecto. Un estilo cuya genealogía el mismo Borges remontaba a Paul Groussac. Un europeo aclimatado en el Plata que a diferencia de Gombrowicz sí cambió de lengua y pasó a escribir en español y definió, por primera vez, las normas del estilo literario en la Argentina. (En este sentido hay que decir que nuestro Conrad es Groussac.) Allí busca Borges los orígenes «argentinos» de su estilo. Por supuesto, cualquiera de nosotros encuentra hoy fácilmente giros borgeanos en la escritura de Groussac (pero esto es culpa de «Kafka y sus precursores»).

El estilo de Borges produce un efecto paradojal: estilo inimitable (pero fácil de plagiar), las maneras de su escritura se han convertido en las garantías escolares del buen uso de la lengua. «Para nosotros escribir bien era escribir como Lugones», decía Borges, definiendo perversamente su propio lugar en la literatura argentina contemporánea. ¿Cómo hacer callar a los epígonos? (Para escapar a veces es preciso cambiar de lengua.)

El estilo de Borges ha influido retrospectivamente en la historia y en la jerarquía de los estilos en la literatura argentina. Groussac, Lugones, Borges: esa línea define las convenciones dominantes de la lengua literaria. Para esa tradición los estilos de Arlt y de Macedonio son lenguas extranjeras.

Borges lleva a la perfección un estilo construido a partir de una relación desplazada con la lengua materna. Tensión entre el idioma en que se lee y el idioma en que se escribe que Borges condensó en una sola anécdota (sin duda apócrifa). El primer libro que leí en mi vida, dijo, fue el Quijote en inglés. Cuando lo leí en el original pensé que era una mala traducción. (En esa anécdota ya está, por supuesto, el Pierre Menard.) ¿Cómo leer el español como si fuera el inglés? O mejor: ¿cómo escribir en un español que tenga la precisión del inglés pero que conserve los ritmos y los tonos del decir nacional? Cuando resolvió ese dilema Borges construyó una de las mejores prosas que se han escrito en esta lengua desde Quevedo.

De la relación de Gombrowicz con las dos lenguas, del cruce entre el polaco y el español, nos queda la traducción argentina de *Ferdydurke,* publicada en 1947. Conozco pocas experiencias literarias tan extravagantes y tan significativas. Gombrowicz escribía un primer borrador trasladando la novela a un español inesperado y casi onírico, que apenas conocía. Un escritor que escribe en una lengua que no conoce o que conoce apenas y con la que mantiene una relación externa y fascinada. O si ustedes prefieren: un gran novelista que explora una lengua desconocida, tratando de llevar del otro lado los ritmos de su prosa polaca. La tendencia de Gombrowicz, según cuentan, era inventar una lengua nueva: no crear neologismos (aunque los hay en la novela, como el inolvidable de los *cuculeítos*), sino forzar el sentido de las palabras, trasladarlas de un contexto a otro, y obligarlas a aceptar significados nuevos. Sobre este material primario comenzaba el trabajo de un equipo heterogéneo y delirante «bajo la presidencia de Virgilio Piñera, distinguido representante de las letras de la lejana Cuba», según recuerda Gombrowicz en el prólogo a la primera edición. Gombrowicz y Piñera estaban rodeados por una serie móvil de ayudantes, entre los que se contaban, por supuesto, los parroquianos y los jugadores de ajedrez y de codillo que frecuentaban la confitería Rex y que aportaban sus opiniones lingüísticas cuando las discusiones subían demasiado de tono. Este equipo no conocía el polaco y los debates se trasladaban a menudo al francés, lengua a la que Gombrowicz y Piñera se cruzaban cuando el español ya no admitía nuevas torsiones. Cubano, francés, polaco, «argentino»: lo que se llama una mezcla verbal, una materia viva.

Gombrowicz de hecho reescribió *Ferdydurke*. Hay que comparar esta versión con las traducciones en inglés o en francés para notar enseguida que se trata de un texto único. Conocemos hasta dónde fue capaz de llegar Joyce cuando tradujo al italiano el fragmento de «Anna Livia Plurabelle» de *Finnegans;* conocemos las versiones al inglés de sus novelas que nos ha dejado Beckett, pero es difícil imaginar una experiencia parecida a la de Gombrowicz con *Ferdydurke,* en Buenos Aires, en los altos del café Rex de la calle Corrientes, a mediados de los años 40.

Las traducciones tienen una importancia decisiva en la historia de los estilos. El *Ferdydurke* «argentino» de Gombrowicz es uno de los textos más singulares de nuestra literatura. Antes que nada hay que decir que es una mala traducción en el sentido en que Borges hablaba así de la lengua de Cervantes. En la versión argentina de *Ferdydurke* el español está forzado casi hasta la ruptura, crispado y artificial, parece una lengua futura. Suena en realidad como una combinación (una cruza) de los estilos de Roberto Arlt y de Macedonio Fernández.

Y hay algo de eso, diría yo. Como si el *Ferdydurke* «argentino» se ligara en secreto con las líneas centrales de la novela argentina contemporánea. Hoy que el debate sobre el estilo de Arlt parece saldado, habría que decir que fue Gombrowicz uno de los primeros que abrió paso a la lectura de esos tonos que se apartan de las normas definidas del estilo medio y convencional. Éste es un país, escribió, donde el canillita que vocea la revista literaria de la elite refinada tiene más estilo que todos los redactores de esa misma revista. Quería decir, obviamente, que las formas cristalizadas de la lengua literaria, las maneras y las manías de los estilos ya convencionalizados anulan cualquier música de la lengua y que en los lugares más oscuros e inesperados se pueden captar los tonos de un estilo nuevo.

En cuanto a Macedonio Fernández habría que decir que es el único escritor argentino con el que realmente se encuentra Gombrowicz. De hecho Macedonio es el primero que da a conocer un texto de Gombrowicz en español. En 1944 publica en su revista *Los papeles de Buenos Aires,* el relato «Filifor forrado de niño» de *Ferdydurke.* ¿Se habrán visto Macedonio y Gombrowicz? En aquellos años los dos vivían aislados, en pobrísimas piezas de pensión, seguros de su valor pero indecisos sobre el futuro de sus obras. En más de un sentido eran, el uno para el otro, el único lector posible. Se puede suponer casi con seguridad que Macedonio leyó *Ferdydurke* porque aparecen referencias a la novela en uno de sus papeles inéditos. Y en cuanto a Gombrowicz, era sin duda el único lector posible del *Museo de la novela de la Eterna,* el único, quiero decir, a la altura del proyecto macedoniano.

Arlt, Macedonio, Gombrowicz. La novela argentina se construye en esos cruces (pero también con otras intrigas). La novela argentina sería una novela polaca: quiero decir una novela polaca traducida a un español futuro, en un café de Buenos Aires, por una banda de conspiradores liderados por un conde apócrifo. Toda verdadera tradición es clandestina y se construye retrospectivamente y tiene la forma de un complot.

Ahora bien (después de todo), ¿se puede hablar así? ¿Se puede hablar de una novela *argentina*? ¿Qué características tendría?

Los novelistas argentinos escribimos (también) para contestar a esa pregunta.

Notas sobre literatura en un Diario*

* En *Homenaje a Ana M. Barrenechea,* Lía e Isaías Lerner (eds.), Madrid, Castalia, 1984.

MARTES

Larga conversación con Renzi sobre Macedonio Fernández. No reconoce en la historia de
la literatura argentina a ningún otro escritor. Ve
en él una combinación insuperable de Paul Valéry, Lawrence Sterne e Hipólito Yrigoyen. Macedonio, dice Renzi, es un gran escritor político.
El único gran escritor político que produjo la literatura argentina después de Sarmiento. Supo
fijar el estilo radical y los historiadores tendrían
que leerlo para conocer los efectos de la política
en la lengua de una época.

Pero hay otra cuestión, dice Renzi. ¿Cuál es
el problema mayor del arte de Macedonio? La relación del pensamiento con la literatura. Le parece posible que en una obra puedan expresarse
pensamientos tan difíciles y de forma tan abs-

tracta como en una obra filosófica, pero a condición de que todavía no estén pensados. Ese «todavía no», dice Renzi, es la literatura misma. El pensar, diría Macedonio, es algo que se puede narrar como se narra un viaje o una historia de amor, pero no del mismo modo.

DOMINGO

Un tratamiento casi onírico de la política está en la base y es motor de la ficción de Arlt. Sus textos evolucionan en la dirección de un manejo cada vez más abstracto y descarnado de lo social. En *El criador de gorilas* se puede ver funcionar en estado puro la máquina narrativa arltiana. Allí la escritura se ha independizado totalmente de las referencias inmediatas y África actúa como el espacio mismo de la ficción. Ésa es la marca de Arlt. Y en este sentido hay que decir que en esos cuentos africanos está representada, mejor que en ningún otro lado, la violencia social que define a la realidad argentina de los años 30.

VIERNES

Marcel Mauss narra una costumbre de los habitantes de una tribu de Oceanía que puede, en un sentido, considerarse el germen de una nueva moral: el asesino debe vivir en la casa de la víctima y sustituir al muerto.

Bertolt Brecht cuenta la historia de un estudiante de filosofía (discípulo muy aventajado de Simmel) que por responsabilidad familiar se convierte en un exitoso hombre de negocios. En la vejez se dedica por fin a escribir un tratado de moral pero cuando lo termina lo deja olvidado en un tren. Vuelve a empezar e incorpora el azar como el fundamento de su sistema ético. Hacer de la pérdida el principio de reestructuración de todo el sistema es (según Brecht) una lección que sólo puede aprenderse en el mundo de los negocios.

JUEVES

La primera vez que fui al teatro asistí al montaje de un drama rural en una carpa pobrísima. La compañía había acampado en un baldío en las cercanías de mi casa. Los actores se sentaban en los sillones de madera clara que mi madre les había prestado. La presencia de esos muebles familiares le quitaba para mí toda verdad a la representación.

LUNES

Una de las escenas más famosas de la historia de la filosofía es un efecto del poder de la literatura. Nietzsche al ver como un cochero castigaba brutalmente a un caballo caído se abraza llorando al cuello del animal y lo besa. Fue en Turín, el 3 de enero de 1888, y esa fecha marca, en un sentido, el fin de la filosofía: con ese hecho empieza la llamada locura de Nietzsche que, como el suicidio de Sócrates, es un acontecimiento inolvidable en la historia de la razón occidental. Lo increíble es que la escena es una repetición literal de una situación de *Crimen y castigo* de Dostoievski (capítulo 5 de la I parte) en la que Raskólnikov sueña con unos campesinos borrachos que golpean un caballo hasta matarlo. Dominado por la compasión, Raskólnikov se abraza al cuello del animal caído y lo besa. Nadie parece haber reparado en el bovarismo de Nietzsche que repite una escena leída. (La teoría del Eterno Retorno puede ser vista como una descripción del efecto de memoria falsa que produce la lectura.)

VIERNES

La vanguardia es una de las ideologías espontáneas de todo escritor. (La otra es el realismo.) Si ser de vanguardia quiere decir ser «moderno», todos los escritores queremos ser de vanguardia. La modernidad es el gran mito de la literatura contemporánea. A la vez en esta época, por lo menos en la Argentina, la vanguardia se ha convertido en un género. Existe una manera cristalizada, tan llena de convenciones y de reglas que podría escribirse una novela de vanguardia con la misma facilidad con la que se puede escribir, por ejemplo, una novela policial. Por todo esto habría que decir, en fin, que el problema no es tanto que una obra sea o no de vanguardia: lo fundamental para un escritor es que el público y la crítica sean de vanguardia.

JUEVES

(De un curso sobre Brecht.) Brecht «retiene» lo mejor de la teoría literaria soviética de los años 20 (en especial Tiniánov, Tretiakov, Brik) y es el único que la continúa en los años duros de la década del 30 cuando domina el realismo socialista. De allí que la polémica entre Brecht y Lukács no sea, en realidad, otra cosa que una versión condensada de la lucha entre las dos tradiciones centrales de la crítica marxista. Los escritos sobre literatura de Brecht deben ser leídos en el marco de la teoría literaria inaugurada por Tiniánov y desarrollada por Bajtin, Mukarovski y Walter Benjamin.

En 1923 Brecht conoce, en Berlín, a la directora teatral soviética Asja Lacis y es ella quien lo pone en contacto con las teorías y experiencias de la vanguardia soviética. Por intermedio de Asja Lacis, Brecht conoce la teoría de la *ostranenie* que han elaborado los formalistas rusos y que él traduce como efecto-v. Es notable el modo en que Brecht desplaza para mostrar el origen ruso de su teoría del distanciamiento. Afirma que su descubrimiento se produce en 1926 gracias a Asja Lacis. La actriz, que tiene un papel en la adaptación que hace Brecht de *Eduardo II* de Marlowe, pronuncia el alemán con un marcado acento ruso y al oírla recitar el texto se produce un efecto de desnaturalización que la ayuda a descubrir un estilo y una escritura literaria fundados en la puesta al desnudo de los procedimientos. En esa inflexión rusa que persiste en la lengua alemana está, desplazada, como en un sueño, la historia de la relación entre la *ostranenie* y el efecto de distanciamiento.

Alguna vez habría que escribir un relato sobre Asja Lacis. Colaboradora de Meyerhold y de Eisenstein, cercana al grupo de Maiakovski, es la amante de Walter Benjamin y por intermedio de ella se conocen Brecht y Benjamin. A fines de los años 30 Asja Lacis desaparece en un campo de concentración estalinista. «Asja Lacis ya no me escribe», escribe Brecht en su Diario en enero de 1939. Se puede ver aún aparecer la altiva y bellísima figura de Asja Lacis eternizada en una secuencia de *La ópera de dos centavos*, filmada por Pabst en 1931.

MARTES

No veo qué sentido puede tener, me dice Renzi, escribir un relato sobre Asja Lacis. Existen otras mujeres más interesantes que pueden servir de tema para un relato. ¿Por ejemplo?, le digo. Por ejemplo, me dice, la hija de Madame Bovary. Habría que escribir una biografía de la hija de Madame Bovary. En la última página del libro empieza otra novela, me dice Renzi, y se levanta para buscar el libro de Flaubert. «Una vez vendido todo, quedaron 12 francos con 75 centavos que sirvieron para pagar el viaje de la señorita Bovary a casa de su abuela. La buena señora murió aquel año; como el tío Rouault estaba paralítico se encargó de la huérfana una tía. Es pobre y la manda a ganarse la vida en una hilandería de algodón.» La vida de una obrera textil que es la hija de Madame Bovary, dice Renzi, ese tema me interesa más que la historia de la amante de Walter Benjamin.

SÁBADO

No hay historia de la lengua literaria en la Argentina, de sus niveles y de sus transformaciones, sin una historia de la traducción. La práctica casi invisible, casi anónima de los traductores registra y cristaliza las normas del estilo literario. Todo traductor acata esas normas implícitas y al traducir reproduce los registros posibles del estilo literario dominantes en una época. La historia de la traducción como estilo social (si esa historia fuera posible) se superpondría con la historia de las concepciones y los valores que definen los usos literarios del lenguaje.

A la vez el traductor se instala en los bordes del lenguaje y parece siempre a punto de escribir en una tercera lengua, en una lengua inventada, artificial. En ese sentido la traducción es uno de los medios fundamentales de enriquecimiento y de transformación de la lengua literaria. No se trata únicamente del efecto de las grandes traducciones (digamos, el Faulkner de Borges; el Kafka de Wilcock; el Nabokov de Pezzoni; el Mailer de Canto; el Beckett de Bianco; el Sartre de Aurora Bernárdez, el Chandler de Walsh, para nombrar algunas) y de su influencia en el horizonte de los estilos; es preciso tener en cuenta también la marca de las «malas» traducciones: con su aire enrarecido y fraudulento son un archivo de efectos estilísticos. El español sueña allí con todo lo que no es y actúa como una lengua extranjera.

Emma Zunz o el relato como crimen perfecto. Emma Zunz usa su cuerpo como materia de la ficción: lo somete a las transformaciones, los disfraces, los desplazamientos que rigen la producción de un texto. Hace de prostituta, hace de virgen violada, hace de delatora y de ese modo sostiene la verdad de la ficción en un uso ficticio de los cuerpos. Hace de virgen violada para que Loewenthal se convierta en un violador; hace de prostituta para que el marinero sueco se convierta en «un instrumento de la justicia». Las funciones narrativas que acreditan la verdad de la ficción son llenadas por los cuerpos. El violador, la virgen; el marinero, la prostituta; el asesino, la víctima; el patrón, la delatora: teatro de máscaras, el relato traslada los cuerpos de un escenario a otro a partir de una lógica fundada en la semejanza y en la sustitución.

Un hombre por otro: el texto trabaja sobre esa equivalencia. El padre por Loewenthal (en el fraude). Loewenthal por el sueco (en la violación). Loewenthal por el padre (en la venganza). En última instancia, el móvil del crimen es la verdad del relato, o si se prefiere: el mismo mecanismo de equivalencia y sustitución que justifica para ella el crimen (la ley del talión) sirve para explicar y justificar el crimen ante la justicia. Poner un hombre en el lugar de otro. Ese procedimiento metafórico, fundado en la semejanza y en el desplazamiento, es básico en la construcción de los relatos «criminales» de Borges. El mismo mecanismo de sustitución aparece en «La muerte y la brújula», en «El jardín de senderos que se bifurcan», en «El muerto», en «La forma de la espada», en «Tema del traidor y del héroe», en «Hombre de la esquina rosada».

LUNES

En *Facundo* la palabra de la civilización y la palabra de la barbarie se representan de modo distinto. Al sistema de citas, traducciones, referencias culturales que sostienen el discurso de la civilización, se le oponen la fuentes orales, los testimonios, la experiencia vivida que sostienen el discurso de la barbarie. («Lo he oído en una fiesta de indios.» «Yo he presenciado una escena campestre, digna de los tiempos primitivos del mundo.» «Le he oído yo mismo los horribles pormenores.» «Un hombre iletrado me ha suministrado muchos de los hechos que llevo referidos.» «Más tarde he obtenido la narración circunstanciada de un testigo presencial.») Doble sistema de referencias que reproduce la estructura del texto y duplica su temática. La contradicción entre lo escrito y lo oral, la cultura y la experiencia, leer y oír opone en realidad dos formas de acceder a la verdad.

92

La civilización y la barbarie hablan de distinto modo: el escritor es quien tiene acceso a los dos discursos y el que puede transcribirlos y citarlos, sin perder nunca de vista la diferencia. Esta escisión, que enfrenta sobre todo lo vivido y lo leído, es básica y se mantiene hasta Borges. Lo que habría que remarcar es que en *Facundo* la verdad de la barbarie es del orden del relato. Por eso, en ese libro anómalo e inclasificable, está el verdadero origen de la novela argentina.

JUEVES

«Si no se escribieran cartas íntimas no habría historia auténtica», señala Mansilla. Conciencia de la importancia histórica del momento privado, típica del escritor autobiográfico. El vaivén entre lo que circula en privado y lo que se expresa en público no hace más que reproducir la relación contradictoria entre la literatura y la política que define la escritura del ochenta. Desde esta perspectiva es interesante analizar el hecho de que Mansilla sea acusado de hablar demasiado, de decir lo que no se debe. Exceso de confianza en el manejo de la palabra propia, en la posesión plena del sentido y de su efecto. En ese exceso, en esa indiscreción se empieza a distinguir un uso no político de la escritura. La inversa es Roca: «Usted tiene que hacerse más reservado si quiere que no nos den un pesado chasco. Le recomiendo reserva hasta con los amigos más íntimos».

LUNES

Hay una palabra que circula en *Los siete locos* y en *Los lanzallamas* como una especie de equivalente general de toda ficción de Arlt. Se trata de un término ciego, un signo vacío cuya repetición reconstruye (sin poder nombrar) el secreto del relato. «De allí que cuando defraudó los primeros veinte pesos, se asombró de la facilidad con la que se podía hacer *eso* (subrayo yo). Y "eso" aliviaba la vida, con "eso" tenía dinero que le causaba sensaciones extrañas porque nada le costaba ganarlo.» *(Obra completa,* 123.) A partir de ahí la palabra se desplaza sobre la superficie del texto, reaparece como una marca que señala lo que Arlt quiere narrar: la sexualidad («Y me has obligado a masturbarme. ¡Sí, a eso!», *OC,* 188); la locura («¿Y cuándo sucedió "eso"?», *OC,* 237); el crimen («Pero, ¿se creía usted que "eso" es como el teatro?», *OC,* 303); la revolución («¿Y usted cree que llegará "eso"?», *OC,* 377). El crimen, la locura, la defraudación, la sexualidad, la revolución: «eso», por supuesto, es la ficción de Arlt. No tanto cada uno de esos elementos aislados, sino la equivalencia perversa que los identi-

94

fica: la utopía de Arlt es poder narrar lo que todas esas prácticas tienen en común. No es casual, entonces, que en la última referencia *(OC,* 459) ese signo neutro reaparezca para reafirmar metafóricamente todo su sentido: «La palabra "eso" resuena en los oídos de Erdosain como el logaritmo de una cifra terrible, incalculable.»

JUEVES

Hay que decir que en la novela, después de Joyce, la forma «obra maestra» se ha convertido en un género que tiene sus convenciones y sus fórmulas y sus líneas temáticas tan definidas y estereotipadas como las que se encuentran, por ejemplo, en la novela policial. Dos modelos mayores del género son: *Bajo el volcán* de Malcolm Lowry, y *Adán Buenosayres* de Leopoldo Marechal (los dos libros se publican el mismo año, en 1948). La relación con Dante, el flujo esotérico, el viaje iniciático, la parodia del héroe trágico, la desmesura estilística, la combinación de técnicas narrativas, la biografía de un santo, la unidad de tiempo, la unidad de lugar. La estructura firme de un día en la vida del héroe busca contener la deriva de los materiales. (El esquema temporal rígido y breve es el revés del día interminable del novelista.)

(Larga duración.) Una característica técnica esencial de este tipo de novelas es el tiempo que se tarda en escribirlas. Marechal pasa más de veinte años con *Adán Buenosayres:* la concibe en 1926 y en 1927 el diario *Crítica* anuncia que está trabajando en la novela *Junto al río sin Dios* que va a editar Gleizer. El novelista que sabe esperar. (Joyce trabajó diecisiete años en *Finnegans Wake,* Musil cerca de treinta años en *El hombre sin cualidades,* Lowry catorce años en *Bajo el volcán.)* El modelo máximo (el modelo argentino de la paciencia del artista) es por supuesto Macedonio Fernández, que empezó a escribir el *Museo de la novela de la Eterna* en 1904 y jamás la terminó y trabajó en el libro ininterrumpidamente durante casi cincuenta años. El proyecto de una novela que no tiene fin, que dura lo que dura la vida del que la escribe. El tiempo que se emplea en escribirla forma parte de la textura de la obra y define su estructura. El libro crece en capas sucesivas, se va transformando; está escrito por escritores distintos a lo largo de los años; los manuscritos perdidos persisten en la obra, las diferentes versiones no se excluyen. (Varias novelas en una.)

(La lección del maestro.) *Adán Buenosayres* es el hijo ilegítimo de *Adriana Buenosaires* de Macedonio Fernández (última novela mala). O mejor, el hijo secreto (el bastardo por fin reconocido) de los proyectos novelísticos, las teorías y las formas que circulan en el *Museo de la novela* (argentina) de Macedonio Fernández. «Cuando empecé a planear *Adán Buenosayres* el modus y la forma se me impusieron como necesarios (dice Marechal). Tendría que ser una novela, no quedaba otro género posible. Bien pero ¿cómo se definiría el género de la novela? En los tormentosos y alegres días de Martín Fierro estudiando este problema con Macedonio Fernández me había dicho él: Novela es la historia de un destino completo.» El destino del héroe es narrado por sí mismo en clave mística: en el centro de *Adán Buenosayres* está el «Cuaderno de tapas azules», la autobiografía de Adán con su coda en joda, el Infierno paródico del «Viaje a Cacodelphia». (Y como en todas las grandes novelas se cuenta la historia de una conversión.)

(Un subte.) La ambición del novelista es un problema estético de la obra. El escriba González Lanuza escribió un brulote infame contra *Adán Buenosayres* en la revista *Sur* y sepultó la novela. (La crítica literaria como necrológica ¿del crítico?) Estaba furioso porque Marechal, además de peronista, ¡era demasiado ambicioso! Se encontraron por casualidad en el subterráneo (Línea Lacroze) y Marechal le dijo que estaba escribiendo «una novela genial» y esto a González Lanuza le pareció un escándalo (cf. *Sur*, N.º 169, noviembre, 1948). La ambición excesiva como recurso defensivo. En esto Marechal es como Arlt, como Gombrowicz (¡Ser Dostoievski! ¡Ser Joyce! ¡Ser Gombrowicz!). La obligación de ser genial es la respuesta al lugar inferior, a la posición desplazada. En «Escritor fracasado» Roberto Arlt tematiza esa colocación secundaria con lucidez y sarcasmo: «¿Qué era mi obra?... ¿Existía o no pasaba de ser una ficción colonial, una de esas pobres realizaciones que la inmensa sandez del terruño endiosa a falta de algo mejor?» La pregunta del escritor fracasado es el fantasma que recorre la literatura argentina.

VIERNES

La escritura está en el origen de la división del trabajo, según Lévi-Strauss. No hay escritura sin opresión, sin desigualdad social, no hay escritura sin Estado. Pero la escritura es vista también como el origen del espíritu de rebeldía: «Entonces empezó a difundirse el rencor de quienes se agotaban trabajando para otros (escribe Li Po,

98

cita Etiemble); tan ingenioso arte tendía directamente a socavar las prebendas y los privilegios y el espíritu de los poderosos.»

A su vez Simone Weil señala a la voz femenina como opuesta a la tradición escrita: el archivo de la memoria se construía en el cuerpo de la mujer en contra de la escritura, ligada, desde su origen, a las técnicas del Estado, a la comunicación religiosa, a los cálculos agrarios. El relato femenino (Sherezade) resiste los dictados del rey.

El desciframiento de las escrituras secretas y de las lenguas perdidas como «revelación» psicótica y mística. Se cuenta que después de trabajar durante meses en el texto escrito en sumerio (que es la primera forma de escritura conocida), la tarde en que logró por fin leer el fragmento George Hughtinghton, una de las glorias del departamento de arqueología del Museo Británico, salió al pasillo y empezó a desnudarse y dijo: «Luego de dos mil años de silencio, soy el primero que escucha esa voz.» Murió muy joven, a los treinta y dos años, internado en una clínica psiquiátrica, en los Alpes suizos. De noche, los enfermeros lo oían reírse en voz baja y hablar con alguien en una lengua exótica.

«El sumerio», había señalado Hughtinghton al comenzar sus investigaciones, «se distingue en especial por escribirse de forma parecida a un acertijo. Según el contexto cada uno de los signos cuneiformes puede significar el nombre de un objeto, una función gramatical o un valor fonético. La escritura sumeria contiene de hecho y en potencia todas las variantes de escrituras descifradas hasta la fecha. Es más difícil descifrarla que haberla inventado.»

La misma «revelación» en el caso del primer desciframiento de la escritura egipcia. Mientras el gran Kircher se obstinaba en considerar cada jeroglífico como el signo de una idea o de una cosa, Champollion descubrió por deducción (a partir del análisis de los mil cuatrocientos diecinueve signos jeroglíficos de la piedra de Rosetta) que la escritura egipcia, suponiendo que fijaba algunas palabras, debía con seguridad representar también letras y había que tener entonces en cuenta el espacio como una variante interna de la notación. El procedimiento de cifrado dependía de la extensión de la palabra y era por lo tanto arbitrario. Cuando comprendió que no debía buscar la regularidad de los signos, sino su diferencia, pudo empezar realmente a descifrar la escritura. Se encerró en su casa y trabajó dos semanas, doce horas por día, sin ver a nadie. El 14 de marzo de 1822 había terminado. Esa noche fue al Instituto y se presentó en el escritorio de Kircher. «Ya no hay secretos», le dijo, y no volvió a hablar. El lingüista mudo. Cuando superó la crisis abandonó la egiptología y el estudio de las lenguas antiguas. Se fue a vivir a Nueva York y puso un negocio de compra y venta de muebles.

100

JUEVES

En *La Prensa*, en abril de 1871, en plena fiebre amarilla se publicó este aviso: «Escribano nacional. El que suscribe se ofrece al público para hacer testamentos, sea o no enfermo de la epidemia el testador, y se lo encuentra a disposición del solicitante a toda hora del día o de la noche en la calle Chacabuco 296.»

Tesis sobre el cuento

I

En uno de sus cuadernos de notas Chéjov registra esta anécdota: «Un hombre, en Montecarlo, va al Casino, gana un millón, vuelve a su casa, se suicida.» La forma clásica del cuento está condensada en el núcleo de ese relato futuro y no escrito.

Contra lo previsible y convencional (jugar-perder-suicidarse) la intriga se plantea como una paradoja. La anécdota tiende a desvincular la historia del juego y la historia del suicidio. Esa escisión es clave para definir el carácter doble de la forma del cuento.

Primera tesis: Un cuento siempre cuenta dos historias.

II

El cuento clásico (Poe, Quiroga) narra en primer plano la historia 1 (el relato del juego) y construye en secreto la historia 2 (el relato del suicidio). El arte del cuentista consiste en saber cifrar la historia 2 en los intersticios de la historia 1. Un relato visible esconde un relato secreto, narrado de un modo elíptico y fragmentario.

El efecto de sorpresa se produce cuando el final de la historia secreta aparece en la superficie.

III

Cada una de las dos historias se cuenta de modo distinto. Trabajar con dos historias quiere decir trabajar con dos sistemas diferentes de causalidad. Los mismos acontecimientos entran simultáneamente en dos lógicas narrativas antagónicas. Los elementos esenciales de un cuento tienen doble función y son usados de manera diferente en cada una de las dos historias. Los puntos de cruce son el fundamento de la construcción.

IV

En «La muerte y la brújula», al comienzo del relato, un tendero se decide a publicar un libro. Ese libro está ahí porque es imprescindible en el armado de la historia secreta. ¿Cómo hacer para que un gángster como Red Scharlach esté al tanto de las complejas tradiciones judías y sea capaz de tenderle a Lönrot una trampa mística y filosófica? Borges le consigue ese libro para que se instruya. Al mismo tiempo usa la historia 1 para disimular esa función: el libro parece estar ahí por contigüidad con el asesinato de Yarmolinsky y responde a una causalidad irónica. «Uno de esos tenderos que han descubierto que cualquier hombre se resigna a comprar cualquier libro publicó una edición popular de la *Historia secreta de los Hasidim*.» Lo que es superfluo en una historia, es básico en la otra. El libro del tendero es un ejemplo (como el volumen de *Las 1001 noches* en «El Sur»; como la cicatriz en «La forma de la espada») de la materia ambigua que hace funcionar la microscópica máquina narrativa que es un cuento.

V

El cuento es un relato que encierra un relato secreto. No se trata de un sentido oculto que depende de la interpretación: el enigma no es otra cosa que una historia que se cuenta de un modo enigmático. La estrategia del relato está puesta al servicio de esa narración cifrada. ¿Cómo contar una historia mientras se está contando otra? Esa pregunta sintetiza los problemas técnicos del cuento.

Segunda tesis: la historia secreta es la clave de la forma del cuento y de sus variantes.

VI

La versión moderna del cuento que viene de Chéjov, Katherine Mansfield, Sherwood Anderson, y del Joyce de *Dublineses*, abandona el final sorpresivo y la estructura cerrada; trabaja la tensión entre las dos historias sin resolverla nunca. La historia secreta se cuenta de un modo cada vez más elusivo. El cuento clásico a la Poe contaba una historia anunciando que había otra; el cuento moderno cuenta dos historias como si fueran una sola.

La teoría del iceberg de Hemingway es la primera síntesis de ese proceso de transformación: lo más importante nunca se cuenta. La historia secreta se construye con lo no dicho, con el sobreentendido y la alusión.

108

VII

«El gran río de los dos corazones», uno de los relatos fundamentales de Hemingway, cifra hasta tal punto la historia 2 (los efectos de la guerra en Nick Adams) que el cuento parece la descripción trivial de una excursión de pesca. Hemingway pone toda su pericia en la narración hermética de la historia secreta. Usa con tal maestría el arte de la elipsis que logra que se note la *ausencia* del otro relato.

¿Qué hubiera hecho Hemingway con la anécdota de Chéjov? Narrar con detalles precisos la partida y el ambiente donde se desarrolla el juego y la técnica que usa el jugador para apostar y el tipo de bebida que toma. No decir nunca que ese hombre se va a suicidar, pero escribir el cuento como si el lector ya lo supiera.

VIII

Kafka cuenta con claridad y sencillez la historia secreta, y narra sigilosamente la historia visible hasta convertirla en algo enigmático y oscuro. Esa inversión funda lo «kafkiano».

La historia del suicidio en la anécdota de Chéjov sería narrada por Kafka en primer plano y con toda naturalidad. Lo terrible estaría centrado en la partida, narrada de un modo elíptico y amenazador.

IX

Para Borges la historia 1 es un género y la historia 2 es siempre la misma. Para atenuar o disimular la esencial monotonía de esa historia secreta, Borges recurre a las variantes narrativas que le ofrecen los géneros. Todos los cuentos de Borges están construidos con ese procedimiento. La historia visible, el juego en la anécdota de Chéjov, sería contada por Borges según los estereotipos (levemente parodiados) de una tradición o de un género. Una partida en un almacén, en la llanura entrerriana, contada por un viejo soldado de la caballería de Urquiza, amigo de Hilario Ascasubi. El relato del suicidio sería una historia construida con la duplicidad y la condensación de la vida de un hombre en una escena o acto único que define su destino.

X

La variante fundamental que introdujo Borges en la historia del cuento consistió en hacer de la construcción cifrada de la historia 2 el tema del relato.

Borges narra las maniobras de alguien que construye perversamente una trama secreta con los materiales de una historia visible. En «La muerte y la brújula», la historia 2 es una construcción deliberada de Scharlach. Lo mismo sucede con Acevedo Bandeira en «El muerto»; con Nolan en «Tema del traidor y del héroe»; con Emma Zunz.

Borges (como Poe, como Kafka) sabía transformar en anécdota los problemas de la forma de narrar.

XI

El cuento se construye para hacer aparecer artificialmente algo que estaba oculto. Reproduce la busca siempre renovada de una experiencia única que nos permita ver, bajo la superficie opaca de la vida, una verdad secreta. «La visión instantánea que nos hace descubrir lo desconocido, no en una lejana *terra incognita*, sino en el corazón mismo de lo inmediato», decía Rimbaud.

Esa iluminación profana se ha convertido en la forma del cuento.

Nuevas tesis sobre el cuento

Estas tesis son en realidad un pequeño catálogo de ficciones sobre el final, sobre la conclusión y el cierre de un cuento, y han estado desde el principio inspiradas en Borges y en su particular manera de cerrar sus historias: siempre con ambigüedad, pero a la vez siempre con un eficaz efecto de clausura y de inevitable sorpresa.

Borges, sabemos, dijo varias veces que varios de sus cuentos habían sido su primer cuento y esto quiere decir, quizá, que los comienzos son siempre difíciles, inciertos, que tuvo varias partidas falsas como en las cuadreras, como en la conocida diatriba de José Hernández contra su amigo Estanislao del Campo («parece que sin largar se cansaran en partidas»), mientras que el fin es siempre involuntario o parece involuntario pero está premeditado y es fatal.

Hay un juego entre la vacilación del comienzo y la certeza del fin, que ha sido muy bien definido por Kafka en una nota de su *Diario*. Escribe Kafka el 19 de diciembre de 1914:

«En el primer momento el comienzo de todo cuento es ridículo. Parece imposible que ese nuevo, e inútilmente sensible cuerpo, como mutilado y sin forma, pueda mantenerse vivo. Cada vez que comienza, uno olvida que el cuento, si su existencia está justificada, lleva en sí ya su forma perfecta y que sólo hay que esperar a que se vislumbre alguna vez en ese comienzo indeciso, su invisible pero tal vez inevitable final.»

Esta noción de espera y de tensión hacia el final secreto (y único) de un relato breve quiere ser el punto de partida de estas notas.

Hay una historia que cuenta Italo Calvino en *Seis propuestas para el próximo milenio* que puede ser vista como una síntesis fantástica de la conclusión de una obra.

Entre sus muchas virtudes, Chuang Tzu tenía la de ser diestro en el dibujo. El rey le pidió que dibujara un cangrejo. Chuang Tzu respondió que necesitaba cinco años y una casa con doce servidores. Pasaron cinco años y el dibujo aún no estaba empezado. «Necesito otros cinco años», dijo Chuang Tzu. El rey se los concedió. Trascurrieron diez años, Chuang Tzu tomó el pincel y en un instante, con un solo gesto, dibujó un cangrejo, el cangrejo más perfecto que jamás se hubiera visto.

Antes que nada ésta es una historia sobre la gracia, sobre lo instantáneo y también sobre la duración. Hay un vacío, todo queda en suspenso, y el relato se pregunta si la espera (que dura años) forma o no parte de la obra.

Como el relato trata sobre un artista, su núcleo básico es el tiempo y las condiciones materiales de trabajo: en este sentido el cuento es un tratado sobre la economía del arte. Se establece un contrato entre el pintor y el rey: la dificultad reside, vamos a recordar a Marx, en medir el tiempo de trabajo necesario en una obra de arte y por lo tanto la dificultad para definir (socialmente) su valor.

El arte es una actividad imposible desde el punto de vista social porque su tiempo es otro, siempre se tarda demasiado (o demasiado poco) para «hacer» una obra.

¿Cuánto tiempo, después de todo, emplea Chuang Tzu para dibujar el cuadro?

En definitiva el cuento que cuenta Calvino es una fábula (moral) sobre la forma (una fábula sobre la moral de la forma), es decir, una parábola sobre el final y sobre la terminación (una parábola sobre el cierre y sobre lo que le da forma a una obra).

Para empezar, el relato de Chuang Tzu se cierra al revés. Hay una expectativa (no puede pintar) y una solución que es inversa a lo que el sentido común está esperando que pase. La solución parece una paradoja (pero no lo es) porque no hay relación lógica entre los años «perdidos» y la rapidez de la realización.

El final implica, antes que un corte, un cambio de velocidad. Existen tiempos variables, momentos lentísimos, aceleraciones. En esos movimientos de la temporalidad se juega la terminación de una historia. Una continuidad debe ser alterada: algo traba la repetición.

Podríamos por ejemplo preguntarnos cómo habría narrado Kafka (que era un maestro en el arte de los finales infinitos) este relato.

Kafka mantendría la imposibilidad de la salvación en un universo sin cambios: el relato contaría la postergación incesante de Chuang Tzu. Los plazos son cada vez más largos pero la paciencia del rey no tiene límites. Los años pasan. Chuang Tzu envejece y está a punto de morir.

Una tarde el anciano pintor que agoniza recibe la visita del rey.

El soberano debe inclinarse sobre el lecho para ver el pálido rostro del artista: con gesto tembloroso Chuang Tzu busca debajo del lecho y le entrega el cangrejo perfecto que ha dibujado hace años pero que no se ha atrevido a mostrar.

Kafka nos haría suponer que para todos el cuadro es perfecto y está terminado, *menos* para Chuang Tzu.

¿Qué quiere decir terminar una obra? ¿De

quién depende decidir que una historia está terminada?

Flannery O'Connor, la gran narradora norteamericana, contaba una historia muy divertida.

«Tengo una tía que piensa que nada sucede en un relato a menos que alguien se case o mate a otro en el final. Yo escribí un cuento en el que un vagabundo se casa con la hija idiota de una anciana. Después de la ceremonia el vagabundo se lleva a la hija en viaje de bodas, la abandona en un parador de la ruta, y se marcha solo, conduciendo el automóvil. Bueno, ésa es una historia completa. Y sin embargo yo no pude convencer a mi tía de que ése fuera un cuento completo. Mi tía quería saber qué le sucedía a la hija idiota luego del abandono.»

Los finales son formas de hallarle sentido a la experiencia. Sin finitud no hay verdad, como dijo el discípulo de Husserl. Y por lo visto la tía de Flannery no ha encontrado el sentido de esa historia.

El final pone en primer plano los problemas de la expectativa y nos enfrenta con la presencia del que espera el relato. No es alguien externo a la historia, (no es la tía de Flannery), es una figura que forma parte de la trama. En el cuento de O'Connor («The Life You Save May Be Your Own») es la anciana avara que se quiere sacar de encima a la hija tonta: es ella quien recibe el impacto inesperado del final; para ella está destinada la sorpresa que no se narra. Y también por supuesto la moraleja. Pierde el auto y no puede desprenderse de la hija.

Hay un resto de la tradición oral en ese juego con un interlocutor implícito; la situación de enunciación persiste cifrada y es el final el que revela su existencia.

En la silueta inestable de un oyente, perdido y fuera de lugar en la fijeza de la escritura, se encierra el misterio de la forma.

No es el narrador oral el que persiste en el cuento sino la sombra de aquel que lo escucha.

«Estas palabras hay que oírlas, no leerlas», dice Borges en el cierre de «La trama», en *El hacedor*, y en esa frase resuena la altiva y resignada certidumbre de que algo irrecuperable se ha ido.

Habría mucho que decir sobre la tensión entre oír y leer en la obra de Borges. Una obra vista como el éxtasis de la lectura que teje sin embargo su trama en el revés de una mitología sobre la oralidad, y sobre el *decir* un relato.

El arte de narrar para Borges gira sobre ese doble vínculo. Oír un relato que se pueda escribir, escribir un relato que se pueda contar en voz alta.

En ese punto Borges se opone a la novela y ahí debe entenderse su indiferencia frente a Proust o a Thomas Mann (pero no frente a Faulkner, en

120

quien percibe la entonación oral de la prosa, percibe el carácter confuso y digresivo de un narrador oral que cuenta una historia sin entenderla del todo).

Borges considera que la novela no es narrativa, porque está demasiado alejada de las formas orales, es decir, ha perdido los rastros de un interlocutor presente que hace posible el sobreentendido y la elipsis, y por lo tanto la rapidez y la concisión de los relatos breves y de los cuentos orales.

La presencia del que escucha el relato es una suerte de extraño arcaísmo, pero el cuento como forma ha sobrevivido porque tuvo en cuenta esa figura que viene del pasado.

Su lugar cambia en cada relato pero no cambia su función: está ahí para asegurar que la historia parezca al principio levemente incomprensible y como hecha de sobreentendidos y de gestos invisibles y oscuros.

Un ejemplo a la vez inquietante y perfecto de esa estructura es el cuento de Borges «El Evangelio según Marcos», en el que unos paisanos analfabetos y creyentes oyen la lectura de la pasión de Cristo, se convierten en protagonistas fatales del poder de la letra, y deciden llevar a la vida (como versiones enfurecidas de Don Quijote o de Madame Bovary) lo que han comprendido en las palabras proféticas de los libros sagrados.

Borges ha usado con gran sutileza las posibilidades de la situación oral y en varios de sus cuentos (desde «Hombre de la esquina rosada» de 1927 a «La noche de los dones» de 1975) él mismo ocupa el lugar del que recibe el relato.

Un hombre servicial y abstraído llamado Borges está en un almacén de espejos altos en el sur de la ciudad o en un patio de tierra en una casa de altos o en el hondo jardín de una quinta de Adrogué, y un amigo o un desconocido se acerca y le cuenta una historia que él comprende a medias y que misteriosamente lo implica.

En sus mejores cuentos trabaja esa estructura hasta el límite y la complejiza y la convierte en el argumento central.

En «La muerte y la brújula», Lönnrot tarda en comprender que la sucesión confusa de hechos de sangre que intenta descifrar no es otra cosa que un relato que Scharlach ha construido para él, y cuando lo comprende ya es tarde. Lo mismo le sucede a Benjamín Otalora en «El muerto»: vive con intensidad y con pasión una aventura que lo exalta y lo ennoblece y al final, en una brusca y sangrienta revelación, Azevedo Bandeira le hace ver que ha sido el pobre destinatario de un cuento contado por un loco lleno de sarcasmo y de furia. Emma Zunz teje con perversa precisión, y en su cuerpo, una trama criminal destinada a un interlocutor futuro (la ley) a quien engaña y confunde y para quien construye un relato que ningún otro podrá comprender.

122

La misma relación está por supuesto en «El jardín de senderos que se bifurcan» y en «Tlön, Uqbar, Orbis Tertius» y en «La forma de la espada», pero es en «Tema del traidor y del héroe» donde Borges lleva este procedimiento a la perfección. Los patriotas irlandeses, rebeldes y románticos, son los destinatarios de una leyenda heroica urdida a toda prisa por el abnegado James Alexander Nolan, con el auxilio del azar y de Shakespeare, y esa ficción será descifrada muchos años después por Ryan, el asombrado e incrédulo historiador que reconstruye la duplicidad de la trama.

El relato se dirige a un interlocutor perplejo que va siendo perversamente engañado y que termina perdido en una red de hechos inciertos y de palabras ciegas. Su confusión decide la lógica íntima de la ficción.

Lo que comprende, en la revelación final, es que la historia que ha intentado descifrar es falsa y que hay otra trama, silenciosa y secreta, que le estaba destinada.

El arte de narrar se funda en la lectura equivocada de los signos.

Como las artes adivinatorias, la narración descubre un mundo olvidado en unas huellas que encierran el secreto del porvenir.

El arte de narrar es el arte de la percepción errada y de la distorsión. El relato avanza siguiendo un plan férreo e incomprensible y recién al final surge en el horizonte la visión de una realidad desconocida: el final hace ver un sentido secreto que estaba cifrado y como ausente en la sucesión clara de los hechos.

Los cuentos de Borges tienen la estructura de un oráculo: hay alguien que está ahí para recibir un relato, pero hasta el final no comprende que esa historia es la suya y que define su destino.

Hay entonces una fatalidad en el fin y un efecto trágico que Poe (que había leído a Aristóteles) conocía bien.

La experiencia de errar y desviarse en un relato se basa en la secreta aspiración de una historia que no tenga fin; la utopía de un orden fuera del tiempo donde los hechos se suceden, previsibles, interminables y siempre renovados.

En el fondo todos somos la tía de Flannery, queremos que la historia continúe..., sobre todo si la novia ha quedado abandonada en una estación de servicio.

Todas las historias del mundo se tejen con la trama de nuestra propia vida. Lejanas, oscuras, son mundos paralelos, vidas posibles, laboratorios donde se experimenta con las pasiones personales.

Los relatos nos enfrentan con la incomprensión y con el carácter inexorable del fin pero también con la felicidad y con la luz pura de la forma.

124

La tía de Flannery está «en la vida» y en la vida hay cruces, redes, circulaciones y los finales se asocian con el olvido, con la separación y con la ausencia. Los finales son pérdidas, cortes, marcas en un territorio; trazan una frontera, dividen. Escanden y escinden la experiencia. Pero al mismo tiempo, en nuestra convicción más íntima, todo continúa.

Borges ha construido uno de sus mejores textos sobre el carácter imperceptible de la noción inevitable de límite y ése es el título de una página escrita en 1949, escondida en *El hacedor*, y atribuida al oscuro y lúcido escritor uruguayo Julio Platero Haedo. Dice así:

«Hay una línea de Verlaine que no volveré a recordar. Hay una calle próxima que está vedada a mis pasos. Hay un espejo que me ha visto por última vez. Hay una puerta que he cerrado hasta el fin del mundo. Entre los libros de mi biblioteca (estoy viéndolos) hay alguno que ya nunca abriré.»

Basado en el oxímoron y en el desdoblamiento, Borges narra el fin, como si lo viviera en el presente: está allá y es lejano pero ya está aquí, inolvidable, inadvertido.

Por supuesto esa marca en el tiempo, ese revés, es la diferencia entre la literatura y la vida. Cruzamos una línea incierta que sabemos que existe en el futuro, como en un sueño.

Proyectarse más allá del fin, para percibir el

sentido, es algo imposible de lograr, salvo bajo la forma del arte.

El poeta Carlos Mastronardi ha escrito: «No tenemos un lenguaje para los finales. Quizá un lenguaje para los finales exija la total abolición de otros lenguajes.»

Para evitar enfrentarnos con este lenguaje imposible (que es el lenguaje que utilizan los poetas) en la vida se practican los finales establecidos. Los horarios entre los que nos movemos cortan el flujo de la experiencia, definen las duraciones permitidas. Los cincuenta minutos de Freud son un ejemplo de ese tipo de finales.

La literatura en cambio trabaja la ilusión de un final sorprendente, que parece llegar cuando nadie lo espera para cortar el circuito infinito de la narración, pero que sin embargo ya existe, invisible, en el corazón de la historia que se cuenta.

En el fondo la trama de un relato esconde siempre la esperanza de una epifanía. Se espera algo inesperado y esto es cierto también para el que escribe la historia.

Bergman ha contado muy bien cómo se le ocurrió el final de un argumento (es decir como descubrió lo que quería contar).

«Primero vi cuatro mujeres vestidas de blanco, bajo la luz clara del alba, en una habitación. Se mueven y se hablan al oído y son extremadamente

126

misteriosas y yo no puedo entender lo que dicen. La escena me persigue durante un año entero. Por fin comprendo que las tres mujeres esperan que se muera una cuarta que está en el otro cuarto. Se turnan para velarla.» Es *Gritos y susurros*.

Lo que quiere decir un relato sólo lo entrevemos al final: de pronto aparece un desvío, un cambio de ritmo, algo externo; algo que está en el cuarto de al lado. Entonces conocemos la historia y podemos concluir.

Cada narrador narra a su manera lo que ha visto ahí.

Hemingway por ejemplo contaría una conversación trivial entre las tres mujeres sin decir nunca que se han reunido para velar a una hermana que muere.

Kafka en cambio contaría la historia desde la mujer que agoniza y que ya no puede soportar el murmullo ensordecedor de las hermanas que cuchichean y hablan de ella en el cuarto vecino.

Una historia se puede contar de manera distinta, pero siempre hay un doble movimiento, algo incomprensible que sucede y está oculto.

El sentido de un relato tiene la estructura del secreto (remite al origen etimológico de la palabra *se-cernere*, poner aparte), está escondido, separado del conjunto de la historia, reservado para el final y en otra parte. No es un enigma, es una figura que se oculta.

Borges ha narrado en un sueño la sustracción de esa imagen secreta que irrumpe al final como una revelación y permite por fin entender.

El sueño está en *Siete noches* y su forma es perfecta. Cuenta Borges:

«Me encontraba con un amigo, un amigo que ignoro: lo veía y estaba muy cambiado. Muy cambiado y muy triste. Su rostro estaba cruzado por la pesadumbre, por la enfermedad, quizás por la culpa. Tenía la mano derecha dentro del saco.

No podía verle la mano que ocultaba el lado del corazón.

Entonces lo abracé, sentí que necesitaba que lo ayudara: "Pero mi pobre amigo", le dije, ¿"qué te ha pasado? ¡Qué cambiado estás!"

Me respondió: "Sí, estoy muy cambiado."

Lentamente fue sacando la mano. Pude ver que era la garra de un pájaro.»

Hasta que no se revela lo que se ha escondido, la historia es apenas el relato de un encuentro, melancólico y trivial, entre dos amigos. Pero luego, con un gesto, todo cambia y se acelera y se vuelve nítido.

Por supuesto lo extraño es que el hombre tenga desde el principio la mano escondida. Que tenga una garra de pájaro y que Borges en el sueño vea recién al final lo terrible del cambio, lo terrible de su desdicha, ya que está convirtiéndose en un pájaro.

El argumento, en un instante, gira y encuentra su forma, el relato está en esa mano que está oculta.

La forma se condensa en una imagen que prefigura la historia completa.

Hay algo en el final que estaba en el origen y el arte de narrar consiste en postergarlo, mantenerlo en secreto y hacerlo ver cuando nadie lo espera.

Kafka tiene razón: el comienzo de un relato todavía incierto e impreciso, se anuda sin embargo en un punto que concentra lo que está por venir.

Borges en un momento de su conferencia sobre Nathaniel Hawthorne, en 1949, narra el núcleo primero de un cuento antes de que el argumento se desarrolle y cobre vida (como Kafka quería).

«Su muerte fue tranquila y misteriosa, pues ocurrió en el sueño. Nada nos veda imaginar que murió soñando y hasta podemos inventar la historia que soñaba –la última de una serie infinita– y de qué manera la coronó o la borró la muerte. Algún día, acaso, la escribiré y trataré de rescatar con un cuento aceptable esta deficiente y harta digresiva lección.»

Ese cuento por supuesto fue «El Sur», y para escribirlo (en 1953) Borges tuvo que inclinarse sobre esa microscópica trama inicial e inferir de ahí la vida de Dahlmann que, en el momento de morir de una septicemia en un hospital, sueña una muerte feliz, a cielo abierto. Tuvo, quiero decir, que imaginar la vívida escena en la que el tímido y gentil bibliotecario Juan Dahlmann empuña el cuchillo que acaso no sabrá manejar y sale a la llanura.

La idea de un final abierto que es como un sueño, como un resto que se agrega a la historia y la cierra, está en varios cuentos de Borges y la forma se percibe claramente cuando se analiza el final de una historia que es el modelo ejemplar de cierre para Borges, el cierre de la literatura argentina, podríamos decir. Me refiero al final de *El gaucho Martín Fierro*. Es una escena que Borges ha contado y vuelto contar varias veces (sería mejor decir recitado y citado en distintas ocasiones). Dice, como todos sabemos, así:

> Cruz y Fierro de una estancia
> una tropilla se arriaron
> por delante se la echaron
> como criollos entendidos
> y pronto sin ser sentidos
> por la frontera cruzaron.
>
> Y cuando la habían pasao
> una madrugada clara
> le dijo Cruz que mirara
> las últimas poblaciones
> y a Fierro dos lagrimones
> le rodaron por la cara.

La obra se cierra con dos figuras que se alejan y que se borran rumbo a un incierto porvenir. Y esas dos lágrimas silenciosas lloradas en el alba, al emprender la travesía tierra adentro, impresionan más que una queja y son una cifra de la pérdida y del fin de la historia.

Junto a la estampa inolvidable de esos dos gauchos que al amanecer se pierden en la lejanía, la clave de ese final es la aparición de un narrador que estaba oculto en el lenguaje.

Todo el poema ha sido narrado por Martín Fierro, como una suerte de autobiografía popular, pero de pronto, en el cierre, surge otro; alguien que ha sido en verdad el que ha contado esa historia y que ha estado ahí, desde el principio.

La voz que distancia y cierra el relato es la marca que, en la forma, permite el cruce final. Se queda de este lado de la frontera y ellos se van.

> Y siguiendo el fiel del rumbo,
> se entraron en el desierto,
> no sé si los habrán muerto
> en alguna correría
> pero espero que algún día
> sabré de ellos algo cierto.

> Y ya con estas noticias
> mi relación acabé,
> por ser ciertas las conté,

todas las desgracias dichas:
es un telar de desdichas
cada gaucho que usté ve.

La irrupción del sujeto que ha construido la intriga define uno de los grandes sistemas de cierre en la ficción de Borges.

Voy a usar el ejemplo de dos relatos que ya he citado: en «La muerte y la brújula» en el momento en que el argumento se está por duplicar, cuando Lönnrot cruza el límite que divide la trama y va hacia el sur y hacia la muerte, surge de pronto, como un fantasma, la voz del que ha narrado invisible la historia.

«Al sur de la ciudad de mi cuento fluye un riachuelo de aguas barrosas, infamados de curtiembre y de basuras. Del otro lado hay un suburbio fabril donde, al amparo de una caudillo barcelonés, medran los pistoleros. Lönnrot sonrió al pensar que el más afamado –Red Scharlach– hubiera dado cualquier cosa por conocer esa clandestina visita...»

El que narra está por abandonar a Lönnrot a su suerte y prepara de ese modo taimado y fraudulento la irrupción final e insospechada de Scharlach el Dandy. El que narra dice la verdad. Lönnrot tiene ahí la clave del enigma pero la entiende al revés y el narrador indiferente lo mira desviarse y seguir obstinado hacia la muerte.

«Lönnrot consideró la remota posibilidad de que la cuarta víctima fuera Scharlach. Después la desechó...»

En «Emma Zunz» hay un escena vertiginosa donde la historia cambia y es otra, más antigua y más enigmática. Emma le entrega su cuerpo a un desconocido para vengarse del hombre que ha infamado a su padre y en ese momento extraordinario en el que toda la trama se anuda, el que narra irrumpe en el relato para hacer ver que hay otra historia en la historia y un nuevo sentido, a la vez nítido e inconcebible, para la atribulada comprensión de Emma Zunz.

«En aquel tiempo fuera del tiempo, en aquel desorden perplejo de sensaciones inconexas, ¿Pensó Emma Zunz una sola vez en el muerto que motivaba el sacrificio? Yo tengo para mí que pensó una vez y que en ese momento peligró su desesperado propósito. Pensó (no pudo no pensar) que su padre le había hecho a su madre la cosa horrible que a ella ahora le hacían. Lo pensó con débil asombro y se refugió enseguida en el vértigo.»

Esa estructura de caleidoscopio y de doble fondo se sostiene sobre una pequeña maquinación imperceptible: la íntima voz que (como en el poema de Hernández) ha marcado el tono y el registro verbal de la historia se identifica y se hace ver y define desde afuera el relato y lo cierra.

Su entrada es la condición del final; es el que

ha urdido la intriga y está del otro lado de la frontera, más allá del círculo cerrado de la historia. Su aparición, siempre artificial y compleja, invierte el significado de la intriga y produce una efecto de paradoja y de complot.

Parte de la extraordinaria concentración de las pequeñas máquinas narrativas de Borges obedece a ese doble recorrido de una trama común que se une en un punto. Ese nudo ciego conduce al descubrimiento de la enunciación. (A la enunciación como descubrimiento y corte.)

Si usamos la conocida metáfora del realismo, podríamos decir que hay una fisura en la ventana que duplica y escinde lo que se ve del otro lado del jardín. El gran vidrio está rajado y hay una luz en la casa y en el rombo de los losanges, amarillos, rojos y verdes, se vislumbra la vaga sombra de un rostro.

Comprendemos que hay otro que estaba ahí desde el principio y que es él quien ha definido los hechos del mundo, «Las ruinas circulares» es una versión temática de este procedimiento: el que sueña ha sido soñado y ese descubrimiento ya es clásico en la obra de Borges...

La epifanía está basada en el carácter cerrado de la forma; una nueva realidad es descubierta, pero el efecto de distanciamiento opera dentro del cuento, no por medio de él. En Borges asistimos a una revelación que es parte de la trama. El extrañamiento, la *ostranenie*, la visión pura es interna a la estructura: «El Aleph» es en este sentido un modelo ejemplar.

En ese universo en miniatura vemos un acontecimiento que se modifica y se transforma. El cuento cuenta un cruce, un pasaje, es un experimento con el marco y con la noción de límite.

Hay un mecanismo mínimo que se esconde en la textura de la historia y es su borde y su centro invisible.

Se trata de un procedimiento de articulación, un levísimo engarce que cierra la doble realidad.

La verdad de una historia depende siempre de un argumento simétrico que se cuenta en secreto. Concluir un relato es descubrir el punto de cruce que permite entrar en la otra trama.

Ése es el puente que hubiera buscado Borges si hubiera tenido que contar la historia de Chuang Tzu.

En principio hubiera corregido el relato, con un toque preciso y técnico se hubiera apropiado de la intriga y hubiera inventado otra versión, sin preocuparse por la fidelidad al original (y si lo han visto traducir a Borges sabrán lo que quiero decir).

Un cangrejo es demasiado visible y demasiado lento para la velocidad de esta historia, hubiera pensado Borges, y lo habría cambiado, primero por un pájaro y luego, en la versión definitiva, por una mariposa.

«Chuang Tzu (hubiera escrito Borges) dibujó una mariposa, la mariposa más perfecta que jamás se hubiera visto.»

El aletear frágil de la mariposa fija la fugacidad de la historia y su movimiento invisible. Borges hubiera entrevisto, en ese latido lateral, la luz de otro universo. La mariposa lo hubiera llevado al sueño de Chuang Tzu.

Ustedes lo recuerdan:

«Chuang Tzu soñó que era una mariposa y no sabía al despertar si era un hombre que había soñado que era una mariposa o una mariposa que ahora soñaba ser un hombre.»

Borges tendría dos historia y podría entonces empezar a escribir un relato.

Pero ¿cuál es la historia secreta? Es decir, ¿dónde concluir? Si está primero la historia del sueño entonces el cuadro decide su sentido y corta la ambigüedad. Chuang Tzu sueña una mariposa y luego la pinta. Pero ¿qué sucede (hubiera pensado Borges) si invierto el orden?

Chuang Tzu pinta la mariposa y luego sueña y no sabe al despertar si es un hombre que ha soñado ser una mariposa o una mariposa que ahora sueña que es un hombre. De ese modo la historia del cuadro –a la manera de la metamorfosis de Kafka pero también a la manera del retrato de Dorian Grey de Oscar Wilde– es la historia de una mutación y de un destino.

136

El cuadro es un espejo de lo que está por suceder y es el anuncio de un cambio aterrador. Chuang Tzu tarda y posterga porque siente o alucina que se transforma en lo que quiere pintar.

Borges hubiera concluido el relato con una meditación sobre la vastedad de la experiencia y sobre los círculos del tiempo. Cito a Borges ahora, de su conferencia sobre Hernández:

«Es fama que le preguntaron a Whistler cuánto tiempo le había llevado pintar uno de sus nocturnos y que respondió: *Toda mi vida.*»

Y toda mi vida debe entenderse de modo literal: ha dado su vida, la entregó a cambio de la obra y se ha convertido en el objeto que intentó representar.

El arte de narrar es un arte de la duplicación; es el arte de presentir lo inesperado; de saber esperar lo que viene, nítido, invisible, como la silueta de una mariposa contra la tela vacía.

Sorpresas, epifanías, visiones. En la experiencia siempre renovada de esa revelación que es la forma, la literatura tiene, como siempre, mucho que enseñarnos sobre la vida.

Epílogo

Los textos de este volumen no requieren mayor elucidación. Pueden ser leídos como páginas perdidas en el diario de un escritor y también como los primeros ensayos y tentativas de una autobiografía futura.

La crítica es la forma moderna de la autobiografía. Uno escribe su vida cuando cree escribir sus lecturas. ¿No es a la inversa del *Quijote*? El crítico es aquel que encuentra su vida en el interior de los textos que lee.

En esa línea ha sido decisiva para mí la sorprendente anotación de Faulkner en su prólogo inédito a *The Sound and the Fury*. «Escribí este libro y aprendí a leer.» La escritura de ficción cambia el modo de leer y la crítica que escribe un escritor es el espejo secreto de su obra.

En este libro he trabajado sobre relatos reales y también sobre variantes y versiones imaginarias de argumentos existentes. Pequeños experimentos narrativos y relatos personales me han servido como modelos microscópicos de un mundo posible o como fragmentos del mapa de un remoto territorio desconocido. La literatura permite pensar lo que existe pero también lo que se anuncia y todavía no es.

Quiero señalar que «Los sujetos trágicos» es una conferencia sobre literatura y psicoanálisis que dicté en Buenos Aires con el auspicio de la Asociación Psicoanalítica Internacional (IPA), en julio de 1997, y que las «Nuevas tesis sobre el cuento» es un texto que pasó por distintas etapas y cuya redacción preliminar fue leída por primera vez en el Colegio de México, en mayo de 1998.

RICARDO PIGLIA
Buenos Aires, 24 de noviembre de 1999

ÍNDICE